法人成り の

第3版

活用と留意点

柴田 知央・青木 治雄 共著

- 個人事業と法人の税制の比較
- 設立に関する税務・社会保険の手続き
- 消費税のインボイス制度
- 会社法の基礎知識　ほか

税務研究会出版局

第3版刊行にあたって

初版の刊行から7年が経過し、経済環境や税法も大きく変化しています。

特に、日本では令和2年2月頃から流行している新型コロナウイルス感染症は、人々の生活様式や働き方に多大な影響を与えました。

これにより経営に痛手を受けた事業者に対して国や自治体が交付する給付金や支援金などは、対象事業者が個人か法人かによって金額に差があり、法人の方が優遇されました。

一方、税制面を見てみると、法人税では、平成30年より、基本税率が23.2％に引き下げられ、青色欠損金の繰越期間が10年に伸長されています。

所得税では、給与所得控除額の上限が引き下げられ、平成30年分より配偶者控除、令和2年分より給与所得控除と基礎控除の改正が行われました。

消費税では、令和元年10月より標準税率10％と軽減税率8％の複数税率が採用され、令和5年10月1日より適格請求書等保存方式の制度（インボイス制度）が始まります。

今回の改訂では、令和4年度までの税制改正に基づき、見直しを行いました。

また、平成18年5月の会社法の施行に伴い、株式会社の機関設計が簡素化され、最低資本金制度が廃止され、簡単に会社を設立することができます。

ただし、株式会社の運営には、会社法の理解が必須です。

本書が、法人の設立を検討している方やその相談を受ける方等の皆様にとって、お役に立てれば幸いです。

最後に、本書の改訂に当たりご協力を頂いた司法書士中澤一嘉先生、また、ご尽力を頂いた株式会社税務研究会の上野恵美子氏、桑原妙枝子氏、制作に携わって頂いた方々に対して、心より、感謝申し上げます。

令和4年7月

著者しるす

目　次

第1章　個人事業と法人の課税関係

第2章　設立に関する税務・社会保険の手続き

第3章　個人事業の廃止と設立初年度の所得計算

第4章　消費税の納税義務

第5章　会社法と法人成り

【凡例】

法法……法人税法	新消令…改正令（平成30年政令第135号）による改正後の消費税法施行令
法令……法人税法施行令	
法基通…法人税基本通達	
所法……所得税法	新消規…消費税法施行規則等の一部を改正する省令（平成30年財務省令第18号）による改正後の消費税法施行規則
所令……所得税法施行令	
所基通…所得税基本通達	
消法……消費税法	
消令……消費税法施行令	インボイス通達…消費税の仕入税額控除制度における適格請求書等保存方式に関する取扱通達
消規……消費税法施行規則	
消基通…消費税法基本通達	
新消法…平28改正法（平成28年法律第15号）及び所得税法等の一部を改正する法律（平成30年法律第7号）による改正後の消費税法	措法……租税特別措置法
	措令……租税特別措置法施行令
	通則法…国税通則法
	通則令…国税通則法施行令
	耐通……耐用年数の適用等に関する取扱通達
	会施規…会社法施行規則
	会計規…会社計算規則
平28改正法附則…所得税法等の一部を改正する法律（平成28年法律第15号）附則	

（注）　本書の内容は令和4年7月1日現在の法令・通達等によっています。

和暦・西暦対照表

和暦	西暦
平成30年	2018年
平成31年・令和元年	2019年
令和2年	2020年
令和3年	2021年
令和4年	2022年
令和5年	2023年
令和6年	2024年
令和7年	2025年
令和8年	2026年
令和9年	2027年
令和10年	2028年
令和11年	2029年

第 1 章

個人事業と法人の課税関係

　個人事業主は1年間の利益（所得）に対して所得税が課されます。

　一方、会社は一事業年度の利益（所得）に対して法人税が課されることになります。

　所得税も法人税も利益（所得）に対して課税されますが、所得税は所得税法、法人税は法人税法とそれぞれ別の法律で税金の計算が行われます。

　所得税法と法人税法では、税率をはじめ所得計算のルールなど様々な違いがあります。

　では、主にどのような違いがあるのかを具体的に見ていきたいと思います。

1　所得税と法人税の税率や計算構造の違い

　個人事業主の個人事業の利益（所得）に対して課される所得税は超過累進税率を採用しています。

　超過累進税率は課税される利益が多くなるほど税率が高くなります。

　現在、所得税の税率は、5％から始まり、最高税率は45％です。

　個人事業主は、利益（所得）に対して、所得税の他にも個人住民税と個人事業税も課されます。

　個人住民税の税率は定率で10％（道府県民税4％、市町村民税6％）です。

　個人事業税は290万円の事業所得を超える部分に対して、5％（業種によっては、3％や4％）の税率で課されます。

　所得税と住民税の合算速算表は次の通りです。

課税所得（A）	税額の速算式
195万円以下	A×15%
195万円超　　330万円以下	A×20%－97,500円
330万円超　　695万円以下	A×30%－427,500円
695万円超　　900万円以下	A×33%－636,000円
900万円超　1,800万円以下	A×43%－1,536,000円
1,800万円超　4,000万円以下	A×50%－2,796,000円
4,000万円超	A×55%－4,796,000円

※　事業所得が290万円以上の場合は、上記とは別に事業税が課税されます。

※　平成25年から令和19年までの各年分の確定申告においては、所得税と復興特別所得税（原則としてその年分の基準所得税額の2.1%）をあわせて申告・納付することになります。

※　個人住民税は所得金額にかかわらず、10%の税率で計算しています。

　個人事業者は、その年分の所得（利益）を翌年の3月15日までに確定申告をして、納税します。

　個人住民税は、所得税の確定申告を行った2、3ヶ月後の5月中旬から下旬にかけて郵便で納付書が送付され、6月、8月、10月、翌年1月の4回に分けて納付します（自治体によっては時期がずれることがあるようです）。4回の分割ではなく、一括納付も認められています。

　個人事業税については、事業所得が290万円を超える場合には、所得税の確定申告後、8月頃に納付書が送られてきます。納付時期は原則として8月と10月の年2回です。個人事業税も一括納付が認められています。

　一方、会社の利益（所得）に対して課税される法人税は基本的には定率の税率を採用しています。

　具体的には、株式会社などの普通法人は、利益（所得）に対して23.2%の税率で法人税が課されます。

　資本金が1億円以下の中小法人は、年間800万円の所得部分について15%

の税率で課税し、800万円を超える所得部分は23.2%で課税することになっています。

　中小法人の年間所得800万円部分に適用される軽減税率を15%で計算できるのは、令和3年度税制改正により、3月決算法人は令和5年3月期までとなっています。

　その後の法律改正がない限り、それ以降は19%で計算することになります。

　会社は、法人税を申告する際に、上記の法人税とあわせて「地方法人税」の申告を同時に行うことになります。

　地域間の税源の偏在を是正し、財政力格差の縮小を図るため「地方法人税」が創設されたのですが、これにより、地方自治体に納税していた法人住民税（法人税割）の一部を国に納税することになりました。名称に「地方」と付いていますが国税です。

　地方法人税は、資本金の大きさにかかわらず、法人税額に対して10.3%の税率を乗じて計算します。

　会社も利益（所得）に対して法人住民税と法人事業税が課されます。

　法人住民税の税率は7%（道府県民税1%、市町村民税6%）です。

　ただし、個人の場合は、所得に住民税の税率を乗じて計算しますが、法人の場合は、国税である法人税額に法人住民税の税率を乗じて計算するところが大きく違います。

【個人事業】

【法　人】

〈法人住民税と地方法人税〉

	標準税率
道府県民税	1.0%
地方法人税	10.3%
市町村民税	6.0%
合　計	17.3%

　法人事業税は資本金が1億円を超える場合には、従来の法人事業税以外に
も、外形標準課税と呼ばれる事業税を計算します。

　これは、給与等の報酬、家賃、利子、資本金等などを課税の対象とするも
のです。

　個人事業主が法人成りしたときに、資本金が1億円を超える会社を設立す
るケースは少ないと思いますし、説明が複雑になるため、本書では外形標準
課税の説明は省略します。

　法人事業税は、法人税と同様に所得に7％の税率を乗じて計算したものと
さらに事業税額に37%を乗じた特別法人事業税が課されます。

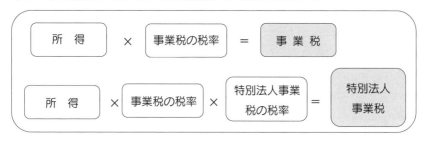

〈法人事業税と特別法人事業税〉

	標準税率
事業税	7％
特別法人事業税	7％×37%
合　計	約9.6%

　資本金等1,000万円以上で3つ以上の都道府県に事業所等を設置していない会社は、所得金額によって適用される事業税の税率が異なります。

　所得金額のうち、400万円以下の部分、400万円超800万円以下の部分の税率に軽減税率が採用されています。

　事業税の軽減税率が適用される場合は、特別法人事業税は、その軽減税率（標準税率）に37％を乗じて計算します。

　なお、令和元年10月1日以後に開始する事業年度の事業税の軽減税率（標準税率）は以下の通りです。

〈法人事業税の標準税率〉

	標準税率
年400万円以下の所得	3.5%
年400万円超　800万円以下の所得	5.3%
年800万円超の所得	7.0%

　では、仮に資本金300万円の会社が所得金額400万円である場合の税額を試算してみましょう。

〈所得金額400万円の法人税等〉

	計　算	金　額
法人税	400万円×15%	600,000円
地方法人税	60万円×10.3%	61,800円
法人道府県民税	60万円×1%	6,000円
法人市町村民税	60万円×6%	36,000円
法人事業税	400万円×3.5%	140,000円
特別法人事業税	14万円×37%	51,800円
合　計		895,600円

※　均等割の計算は省略しています。

個人事業主が所得金額400万円である場合の税額は以下の通りです。

〈所得金額400万円の所得税等〉

	計　算	金　額
所得税	400万円×20％－427.500円	372,500円
個人道府県民税	400万円×4％	160,000円
個人市町村民税	400万円×6％	240,000円
個人事業税	（400万円－290万円）×5％	55,000円
合　計		827,500円

※　均等割の計算は省略しています。
※　所得控除は計算から除外しています。

結果を比べてみますと、会社の税負担が68,100円多くなっています。

次は、所得金額がもっと多い場合の試算をしてみたいと思います。

では、仮に資本金300万円の会社が所得金額600万円である場合の税額の試算結果は次の通りです。

〈所得金額600万円の法人税等〉

	計　算	金　額
法人税	600万円×15％	900,000円
地方法人税	90万円×10.3％	92,700円
法人道府県民税	90万円×1％	9,000円
法人市町村民税	90万円×6％	54,000円
法人事業税	400万円×3.5％＋200万円×5.3％	246,000円
特別法人事業税	246,000円×37％	91,000円
合　計		1,392,700円

※　均等割の計算は省略しています。

　個人事業主が所得金額600万円である場合の税額は以下の通りです。

〈所得金額600万円の所得税等〉

	計　　算	金　　額
所得税	600万円×20％－427,500円	772,500円
個人道府県民税	600万円× 4 ％	240,000円
個人市町村民税	600万円× 6 ％	360,000円
個人事業税	（600万円－290万円）× 5 ％	155,000円
合　　　計		1,527,500円

※　均等割の計算は省略しています。
※　所得控除は計算から除外しています。

　結果を比べてみますと、今度は会社の税負担が134,800円少なくなりました。

　法人事業税と特別法人事業税が翌年損金になることまで考慮すると実質的なその差はもっと広がることでしょう。

　試算は400万円と600万円の所得で行いましたが、所得税と住民税の合計最高税率が55％に対して、中小法人の実効税率は約35％ですので所得が大きくなればなるほど個人の税負担は大きくなっていきます。

　なお、この試算は、すべての所得を個人事業で受けるか、それとも法人で受けるかという前提になっています。

　この後に出てくる役員報酬として受け取るかという点は考慮されていませんのでご了承ください。

2 役員報酬として給与所得にする

(1) 事業所得と給与所得の違い

　個人事業主の場合は、事業収入から必要経費を控除した金額が事業所得として課税されます。

　この事業所得から青色申告特別控除（最大65万円）を差し引いて課税所得を計算します。

　その課税所得に所得税・住民税の税率を乗じて税金を計算します。

　一方、法人成りをして会社を設立した場合、個人事業主は社長になって、会社から給料（役員報酬）をもらうことになります。

　社長が受け取る役員報酬は、給与所得として所得税と住民税が課税されます。

　設立した会社の税金は、売上から経費を差し引き、役員報酬も控除して残った利益（所得）に法人税等の税率を乗じて計算します。

　法人成りした場合は、社長が受け取る給与の所得税・住民税と会社の法人税等のトータルが負担すべき税金となります。

　法人成りすることにより、個人事業主の事業所得が、会社の所得（法人税の対象）と給与所得（社長の役員報酬分）の2つに課税単位が分かれることになります。

【個人事業】

【 法 人 】

≪課税対象のイメージ図≫

【個人事業】

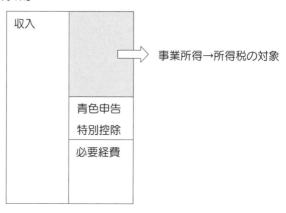

【 法　人 】

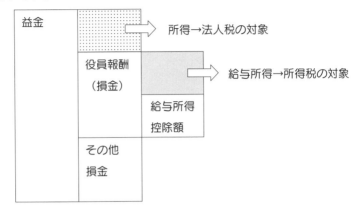

それでは、具体的な数値を使って簡単な比較してみましょう。

　個人事業での収入が1,000万円、必要経費が400万円、所得が600万円の場合

・個人事業の場合は、所得税、住民税、事業税の合計で約120万円です。

　法人成りし、収入が1,000万円、経費が400万円、役員報酬が600万円の場合

・法人税等と個人の給与の税金をあわせても約82万円です。

　この場合、法人成りして、役員報酬を受け取ることによって、税金の負担が約38万円少なくなりました。

※　上記試算の前提条件として、資本金1,000万円、基礎控除以外の所得控除はないものとしています。

　個人事業の場合の青色申告特別控除は55万円ですが、e-Tax による電子申告または電子帳簿保存を行っていれば65万円の控除が受けられます。

　一方、法人成りした場合には、社長が受け取る役員報酬は、給与所得の計算する時に給与所得控除額を控除します。

　一般的には、青色申告特別控除の65万円よりも給与所得控除額の金額の方が大きくなるケースが多いと思います（給与所得控除額についてはP13のコラムをご参照ください）。

　その場合には、会社を設立して役員報酬として受け取る方がトータルの税

金が少なくなります。

	法人成りして役員報酬	個人事業主
所得区分	給与所得	事業所得
税金の種類	所得税・住民税、法人税等	所得税・住民税・事業税等
控　除	給与所得控除	青色申告特別控除

　個人の所得税は超過累進税率を採用しており、住民税をあわせると最高税率で55％です。

　一方、法人税は基本的には定率の税率を採用しており、中小法人で所得金額800万円超の実効税率で34.6％（東京都の実効税率）です。

　税率の構造的には、法人税率を超える税率により所得税が課されるのであれば、法人に所得を移転させた方が税金は少なくなるはずです。

　では、本当に、会社を設立する方が有利となるのでしょうか。

　細かく見てみますと、個人所得税は、所得金額で330万円以下の場合では、住民税とあわせても20％（実質は20％未満）ですが、所得金額が330万円を超えると30％の税率を使用する部分が生じてきます。

　一方、中小法人の法人税の実効税率は約35％と言われていますが、所得金額800万円以下の場合には軽減税率が適用されるため、所得金額が400万円超800万円以下の場合の実効税率は約24％、所得金額が400万円以下の場合の実効税率は約22％です。

　ひとつの目安として個人事業の所得金額が330万円を超えるあたりからが分岐点になってくると言えそうです。

　実効税率の計算では、所得に対して課される事業税は支払った事業年度の損金（税金の費用）として計算します。

　従いまして、表面的な税率の数値ではなく、実質的な実効税率での比較が有効になるのです。

◆コラム：給与所得控除

　給与所得控除とは給与所得者の概算の経費です。

　給与所得者は、基本的に経費を計上することができないので、ある一定の金額が控除されることとなっています。

　給与所得控除額が青色申告特別控除額より多い場合には、法人成りして事業所得相当分を役員報酬とした場合、税金が少なくなります。

給与等の収入金額	給与所得控除額
1,800,000円以下	収入金額×40%−100,000円（55万円未満の場合55万円）
1,800,000円超　3,600,000円以下	収入金額×30%＋80,000円
3,600,000円超　6,600,000円以下	収入金額×20%＋440,000円
6,600,000円超　8,500,000円以下	収入金額×10%＋1,100,000円
8,500,000円超	1,950,000円（上限）

◆コラム：基礎控除額と給与所得控除額の税制改正

　確定申告や年末調整において所得税額の計算をする場合に、総所得金額などから差し引くことができる控除の一つに基礎控除があります。

　改正前は全ての納税者に基礎控除の適用があったのですが、令和2年分以後の所得税、令和3年分以後の住民税から納税者本人の所得制限が導入されました。具体的には、下図の通り、所得金額2,400万円から控除額が逓減し、所得金額2,500万円を超えるとゼロになります。

《所得税と住民税の基礎控除額》

納税者本人の合計所得金額	基礎控除額（所得税）	基礎控除額（住民税）
2,400万円以下	48万円	43万円
2,400万円超　2,450万円以下	32万円	29万円
2,450万円超　2,500万円以下	16万円	15万円
2,500万円超	適用なし	適用なし

(2)　役員報酬が損金となる要件

　会社が役員に支給する役員報酬は、定期同額給与、事前確定届出給与、業績連動給与のいずれかに該当しなければ損金の額に算入することができません。

①　定期同額給与

ⅰ）　定期同額給与に該当する場合

　役員に支給する役員報酬は、会社法上、役員に対する報酬として、定款又は株主総会で決議されることとなっています。

　一般的には、株主総会で、次の定時株主総会までの1年分を決議し、これに基づいて毎月支給するものが定期同額給与とされます。

　この毎月の支給額が同額であれば、定期同額給与として法人税の費用（損金）になります。

【図解1】定期同額給与の基本形

　期中に次のような改定があった場合、その改定前後においてそれぞれ同額であれば定期同額給与に該当することとされています。

　　イ　期首から3月以内の改定

　　ロ　イ以外で、臨時改定事由による改定

　　ハ　イ、ロ以外で、業績悪化改定事由による改定

【図解2】

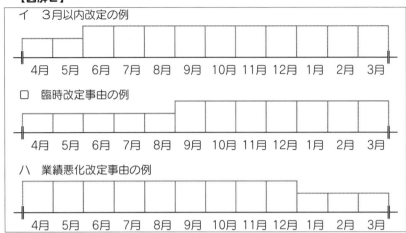

イ　3月以内改定の例

4月　5月　6月　7月　8月　9月　10月　11月　12月　1月　2月　3月

ロ　臨時改定事由の例

4月　5月　6月　7月　8月　9月　10月　11月　12月　1月　2月　3月

ハ　業績悪化改定事由の例

4月　5月　6月　7月　8月　9月　10月　11月　12月　1月　2月　3月

（注1）　3月以内改定

　会計期間開始の日から3月以内にされた改定は定期同額給与として取り扱います。

（注2）　臨時改定事由

　役員の職制上の地位の変更、その役員の職務の内容の重大な変更その他これらに類するやむを得ない事情によりされた改定が該当します。

　例えば、社長が退任したことに伴い臨時株主総会の決議により副社長が社長に就任する場合や、合併に伴いその役員の職務の内容が大幅に変更される場合が該当します。

（注3）　業績悪化改定事由

　経営状況が著しく悪化したことその他これに類する理由によりされた改定が該当します。

　例えば、経営状況が著しく悪化したことなどやむを得ず役員給与を減額せざるを得ない事情がある場合などが該当し、会社の一時的な資金繰りの都合や単に業績目標値に達しなかったことなどはこれに含まれません。

ⅱ）　定期同額給与に該当しない場合

　役員給与が定期同額給与に該当しない場合、損金不算入となります。

　損金不算入とされる場合とは、次のようなケースです。

【図解3】期中増額が臨時改定事由に該当しない場合

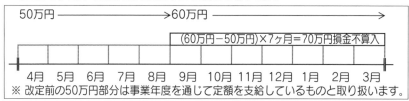

　月額50万円から月額60万円に期中に増額した場合、増額された月額10万円の部分が定期同額給与とならず、損金不算入とされます（10万円×7ヶ月＝70万円）。

②　事前確定届出給与

ⅰ）　事前確定届出給与に該当する場合

　役員に対して、毎月の役員報酬以外に臨時に支給する賞与などについては、利益操作につながらないよう、あらかじめ支給時期と支給金額を納税地の所轄税務署長に届け出ることによって、損金算入できることとされています。届出期限は、原則として株主総会等で決議されてから1月以内とされています（P79参照）。

【図解4】事前確定届出給与

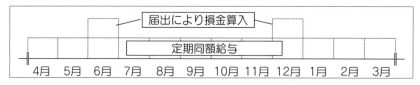

　なお、社外取締役など、定期の給与を支給せずに、半年ごととか3ヶ月に1回などの支給形態をとる場合には、非同族会社がその者に関しての届出は

不要とされています（同族会社が支給する場合は届出が必要になります）。

【**図解5**】 他に定期の給与を支給していない場合

ⅱ） 使用人兼務役員の使用人分賞与

　使用人兼務役員の使用人分賞与については、他の使用人と同時期に支給する限り使用人給与として取り扱われるため、届出は不要です。

ⅲ） 事前確定届出給与に該当しない場合

　事前確定届出給与は、届出通りの金額を支給しなければなりません。異なる金額を支給すると、全額損金不算入とされます。

　例えば、6月と12月に1,000,000円ずつ支給するものとして届け出た場合に、6月は届出通りに1,000,000円支給したものの、12月は一時的に資金繰りが悪化したため200,000円しか支給しなかった場合、届出全体で判断するため、1,200,000円が損金不算入となります（12月の減額理由が臨時改定事由や業績悪化改定事由に該当するときは、届出を出し直すことが認められています）。

③　業績連動給与

　非同族会社は、業務執行役員（監査役、社外取締役等は業務を執行する役員に該当しないため除かれます。）に対して、業績に連動して給与を支給することも認められますが、この業績連動給与には厳しい要件が付されていますので、一般的には定期同額給与と事前確定届出給与のいずれかに該当することが必要となります。

◆**コラム：税法上の役員**

　法人税法上の役員には、会社法等の法令上の役員のほか、実質的に役員と同様の者が含まれます。

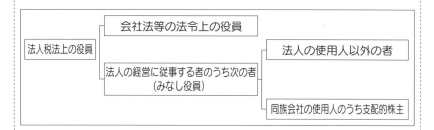

（1）　会社法等の法令上の役員

　取締役、執行役、会計参与、監査役、理事、監事及び清算人など、会社法その他の法令上役員とされている者が該当します。

（2）　みなし役員

　本来の役員ではないが、法人税においては役員として取り扱う者のことをみなし役員といい、役員以外で法人の経営に従事する者のうち、次のいずれかの者が該当します。

①　法人の使用人以外の者

　相談役、顧問などで、その法人内における地位、職務等からみて他の役員と同様に実質的に法人の経営に従事していると認められるものが該当します。

②　同族会社の使用人のうち支配的株主

　同族会社の使用人が支配的な株主グループに属して法人の経営に従事している場合には、役員とされます（みなし役員）。

　次のア〜ウのすべてを満たすと、支配的な株主の要件を満たします。

　ア　50％超基準

　　　所有割合が大きい順に合計し、初めて50％超となる上位3位以内の株主グループのいずれかにその者が属している場合

　イ　10％超基準

　　　その者の属する株主グループの所有割合が10％を超えている場合

　ウ　5％超基準

　　　その者と配偶者（両者の所有割合が50％超となる他の会社を含みます）の所有割合が5％を超えている場合

【具体例】

株主	持株数	株主グループ
A氏	1,000株	2,300株（AグループA氏＋B氏＋D氏）
B氏（A氏の配偶者）	800株	
C氏（他人）	700株	700株
当社	600株	（持株、株主ともに含めない）
D氏（A氏の長男）	500株	
E氏（他人）	400株	400株
発行済株式総数	4,000株	3,400株

（判　定）

	＞50%	＞10%	＞5%
A氏、B氏	○(2,300株/3,400株)	○(2,300株/3,400株)	○(1,800株/3,400株)
C氏、E氏	×(Aグループで50%超)	－	－
D氏	○(2,300株/3,400株)	○(2,300株/3,400株)	○(500株/3,400株)

　A氏、B氏及びD氏については、仮に肩書きが使用人であっても、経営に従事している場合にはみなし役員とされます。C氏、E氏は、第1順位の株主グループ（Aグループ）で50%超となるため要件を満たさず、みなし役員とはされません。

　なお、同族会社の使用人兼務役員が上記②ア〜ウのすべての要件を満たすと、使用人兼務役員とされない役員になります。

　A氏、B氏及びD氏については、仮に肩書きが使用人兼務役員（取締役○○部長など）であっても、使用人兼務役員でない役員とされますので、使用人分として支給する給与についても役員給与とされます。ご注意ください。

3　家族を社員として雇った場合

　個人事業の場合には、課税所得がすべてひとりの個人事業主に集中することになります。

　所得税は超過累進税率を採用しているため、所得金額が大きくなるほど負

担する税率が上がっていきます。

　言い換えますと、所得金額が少ないほど税負担が低く抑えられるのです。

　つまり、個人事業の所得を分散することができれば、課税対象そのものが小さくなるので、その分、税金の負担が少なくてすみます。

　具体的には、法人成りをして会社を設立し、家族に役員や従業員として実際に働いてもらい、役員報酬や従業員給与として支払えば、支払った金額は全額「損金」となり、法人の利益を減らすことができます。

　役員報酬や給与を受け取った家族は、個々に所得税・住民税の計算をしますが、所得分散効果も生じてトータルの税負担が軽くなるのです。

　先ほどのように、具体的な数値を使って簡単な比較をしてみます。

【すべて社長ひとりで役員報酬を受け取る場合】

（単位：円）

	役員報酬・給与	課税所得（所得税）	所得税（復興税込）	住民税（均等割込）	合計税額
社　長	6,000,000	3,500,000	278,200	365,000	643,200
妻	0	0	0	0	0
合　計	6,000,000	3,500,000	278,200	365,000	643,200

【妻に98万円支払い、夫婦合計で600万円の場合】

（単位：円）

	役員報酬・給与	課税所得（所得税）	所得税（復興税込）	住民税（均等割込）	合計税額
社長	5,020,000	2,716,000	177,700	286,600	464,300
妻	980,000	0	0	0	0
合　計	6,000,000	2,716,000	177,700	286,600	464,300

※　上記試算の前提条件として、所得控除は配偶者控除、基礎控除のみとしています。

※　妻が130万円以上の給与収入を得る場合は、社会保険に加入する必要があり、別途、社会保険料の負担が生じます。

600万円の役員報酬を社長ひとりで受け取るときの税金が約64万円です。

妻に98万円支払い、社長が502万円を受け取る場合でも社長ファミリーで総額600万円の役員報酬・給与の受取りに対して、税金は約46万円です。

税金の差額は18万円ほどになります。

しかし、勤務実態のない妻や家族に給与を支給したり、不相当に高額な報酬を支給することは、課税当局との間でのトラブルのもとになりますので気を付けてください。

個人事業主は配偶者や親族に対して『青色専従者給与』や『事業専従者控除』として給与を支払い、個人事業主の必要経費に算入することは可能です。

『青色専従者給与』の場合は、その年の３月15日までに『青色事業専従者給与に関する届出書』を所轄税務署長に提出し、その記載の金額の範囲内で、かつ、労務の対価として相当な金額での支給である必要があります。

また、１年のうち６ヶ月超の従事が必要とされます。

白色申告者の『事業専従者控除』の場合は、事業専従者が配偶者で86万円、その他の親族で一人につき50万円が支給限度となっています。

配偶者や親族を法人の役員や従業員にして役員報酬や給与を支給する場合は、『青色専従者給与』のように事前の届け出は必要ありませんし、勤務実態が伴っていて不相当に高額でなければ『事業専従者控除』のように「86万円」とか「50万円」のような形式的な支給限度額もありません。

そして、業務がないような場合においても、無理やり６ヶ月以上専従させる必要もありません。役員報酬や給与は『青色専従者給与』や『事業専従者控除』と比べても、フレキシブルな対応が可能になります。

```
┌─◆コラム：青色専従者給与と配偶者控除・扶養控除─────────
│　青色専従者給与を配偶者や親族に支払った場合には、配偶者控除や扶養控
│除が受けられなくなります。一方、法人の役員や従業員として会社から役員
│報酬や給与として支払った場合には、納税者本人の合計所得金額が1,000万円
│以下であり、かつ、配偶者や親族への年間支給額が103万円以下であれば配偶
│者控除や扶養控除（扶養控除には納税者本人の所得要件はありません）を受
│けられます。
│　また、青色専従者の場合はその仕事に専従しているわけですから、他での
│仕事やアルバイトは税務の要件として基本的に認められないことになります。
│
│　なお、配偶者控除の控除額は、控除を受ける納税者本人の合計所得金額、
│配偶者の年齢によって下記の表のとおりになります。
```

《配偶者控除の控除金額》

控除を受ける納税者本人の 合計所得金額	一般の控除対象配偶者		老人控除対象配偶者※	
	所得税	住民税	所得税	住民税
900万円以下	38万円	33万円	48万円	38万円
900万円超　950万円以下	26万円	22万円	32万円	26万円
950万円超　1,000万円以下	13万円	11万円	16万円	13万円

※　老人控除対象配偶者とは、控除対象配偶者のうち、その年12月31日現在の年齢が70歳以上の人をいいます。

4　交際費は法人の方が不利

　法人の場合の交際費等は、取引先等の外部とのお付き合いや交渉等の際に支払われる費用をいいます。

　具体的には、交際費、接待費、機密費その他の費用で、法人が、その得意先、仕入先その他事業に関係のある者等に対する接待、供応、慰安、贈答その他これらに類する行為のために支出する費用をいいます。

　個人事業の場合、取引先等と一緒の飲食代やゴルフのプレーフィーなどその業務に関連して支払った交際費は原則、経費になります。

　そして、個人事業の交際費には、限度額が設けられていません。

　一方、法人の場合は、交際費等の損金算入については、限度額が設けられており、限度額内であれば法人税の損金になります。

　損金というのは、法人税の所得計算を行う上で、税金の費用になるという意味です。会社の資本金によって交際費の損金限度額は以下のように違いがあります。

資本金の区分	損金算入限度額
資本金１億円以下	年800万円
資本金１億円超	ゼロ（交際費は損金になりません）

　※　資本金が100億円以下の法人は、飲食代については50％が損金になる制度を選択することもできます。

　法人の場合には個人事業主と違って交際費の損金額に限度はありますが、法人成りしたばかりで年間800万円を超える交際費を支出するケースは少ないでしょうから影響は限定的と言えると思います。

〈個人事業主と法人の交際費の取扱い〉

区　分	区　　分	交際費の取扱い
個人事業主	―	業務の遂行上、直接必要なものは全額経費
法　人	資本金１億円以下（※）	年800万円か、飲食費の50％相当額の損金算入かいずれかを選択適用
	資本金１億円超100億円以下	飲食費の50％相当額が損金算入

※　資本金が１億円以下でも資本金５億円以上の会社の子会社などは除かれますが、一般的な法人成りの場合はほとんど該当しないと思われます。

◆コラム：交際費はどの程度使われているか

　国税庁が公表している令和２年度分会社標本調査によると、資本金1,000万円以下の法人の交際費等支出額は、営業収入10万円当たり590円（令和２年度分）です。１社当たりでは年間支出額は約80万円となっています。

　中小法人の交際費は年800万円まで損金が認められていますので、法人成りをして直ちに交際費等の損金算入限度額による不利益の影響を受けることは少ないと思います。

5　生命保険に加入した場合

　個人事業の場合、個人事業主が生命保険に加入して保険料をいくら支払っ
たとしても所得計算の上で必要経費に算入することはできません。

　個人事業主が確定申告をする際に、生命保険料控除という形で最大12万円
（平成24年1月1日以後に締結した生命保険料を一般分・年金分・介護分そ
れぞれ8万円以上支払った場合）が課税所得から控除されるだけです。

　言い換えますと、いくら保険料を支払っても、税金の計算上は12万円の控
除が上限ということです。

　これに対して、会社の場合は、社長や従業員の生命保険料を経費（損金）
にすることができます。

　例えば、会社が契約者並びに保険金受取人となり、役員又は従業員を被保
険者という定期保険契約を締結した場合、その支払った保険料の全額が法人
の経費になります。

　そして、その経費は、原則、損金として法人税の計算上の費用にもなります。

　ただし、生命保険には、死亡・入院により受け取る保障に相当する保険部
分と、満期又は解約により受け取る貯蓄部分があり、経費になるのは、原則
として、掛捨ての保険部分だけです。

　このように、年間の保険料として24万円以上の保険料を支払っても最高で
12万円の生命保険料控除にしかならない個人事業主と、支払った保険料の全
額がそのまま経費になる会社とでは大きな違いがあります。

　特定の役員のみが保険に加入するような場合、税務当局から役員賞与とし
て認定されると保険料相当額が損金不算入となるだけでなく、その保険料相
当額に対しての源泉所得税の課税問題にも発展しかねませんので注意が必要
です。

　法人税法での保険料の課税上の取扱いは、保険の種類、保険契約者、保険
金受取人などの違いで変わりますので、代表的な保険の種類ごとにみていき
たいと思います。

【定期保険】

保険契約者	保険金受取人		取　扱　い
	死亡保険金	満期（生存）保険金	
法　人	法人	なし	損金算入
	遺族	なし	損金算入

【養老保険】

保険契約者	保険金受取人		取　扱　い	特約保険料
	死亡保険金	満期（生存）保険金		
法　人	法人	法人	資産計上	損金算入
	遺族	被保険者	給与	損金算入※
	遺族	法人	1/2資産計上 1/2損金算入	損金算入※

※　特定の者のみを被保険者としている場合は、その者に対する給与となります。

【定期保険又は第三分野保険であっても保険料に相当多額の前払保険料が含まれる場合】

最高解約返戻率に応じて、資産計上期間・資産取崩方法・資産計上割合が決定されます。

最高 解約返戻率	資産計上期間	資産計上額	資産取崩期間
50%以下	全期間にわたり、原則資産計上不要（支払保険料全額を損金算入）※1、※2		
50%超 70%以下 ※3	保険期間開始 ～当初4割相当期間	支払保険料×0.4 （6割損金算入）	当初7.5割相当期間経過後から保険期間の終了の日まで均等取り崩し
70%超 85%以下		支払保険料×0.6 （4割損金算入）	
85%超	① 保険期間開始～最高解約返戻率となる期間まで ② ①の期間経過後において、年換算保険料に対する解約払戻金の増加割合（※4）が7割を超える期間があれば、保険期間開始～その期間まで ③ ①または②の期間が5年未満の場合は、5年間（保険期間10年未満の場合は、保険期間の1／2期間）	当初10年間：支払保険料×最高解約返戻率×0.9 11年目以降：支払保険料×最高解約返戻率×0.7	解約払戻金額が最も高い金額となる期間経過後から均等取崩しなお、③の場合は、資産計上期間の経過後から均等取崩し

※1　保険期間が終身の第三分野保険については、保険期間開始～被保険者の年齢が116歳に達する日を計算上の保険期間とします。（保険料払込期間中は、「払込保険料×（保険料払込期間／保険期間）」を損金算入、残額を資産計上）

※2　解約払戻金がなく（ごく少額の払戻金がある契約を含む）、保険料払込期間

が保険期間より短い定期保険または第三分野保険で、被保険者１名あたりの当該事業年度の払込保険料が30万円以下のもの（被保険者１名につき複数の契約（他社商品も含む）に加入している場合は、それらを通算）は、全額損金算入可能。

※３　被保険者１名あたりの年換算保険料の合計額が30万円以下のもの（被保険者１名につき複数の契約（他社商品も含む）に加入している場合は、それらを通算）は、全額損金算入可能。

※４　（当年度の解約払戻金額－前年度の解約払戻金額）／年換算保険料

※５　資産計上期間と資産取崩期間の間の期間については、資産計上不要（支払保険料全額を損金算入）

《最高解約返戻率が50％超～70％以下》

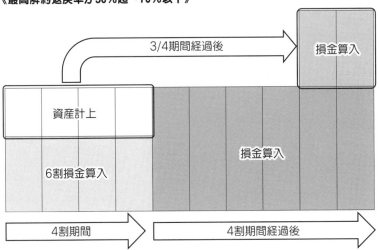

《最高解約返戻率が70％超～85％以下》

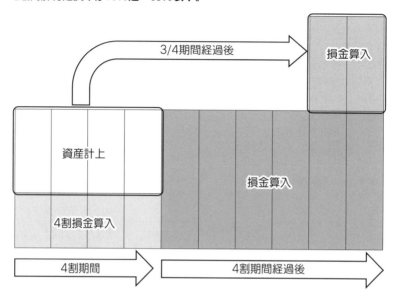

《最高解約返戻率が85％超》

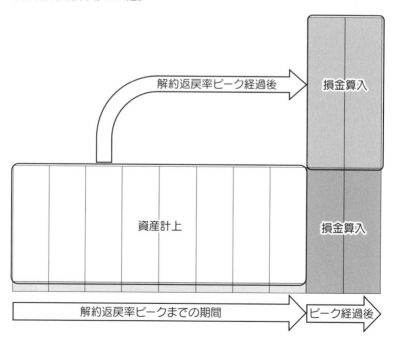

※　解約返戻率のピークまでの期間を資産計上し、解約返戻金額がピークとなる
　　期間経過後から資産計上した金額を均等取り崩しして損金算入する

※　資産計上する金額は、支払保険料×最高解約返戻率×0.9・・・10年間
　　11年目以降は、支払保険料×最高解約返戻率×0.7

【逓増定期保険】

区　　分	取　扱　い	
①　保険期間満了の時の年齢が45歳超（②又は③に該当するものを除く）	保険期間の最初の60%の期間	保険料の1/2損金算入 保険料の1/2資産計上
	残りの保険期間	支払保険料は全額損金算入 資産計上した保険料を残存期間で均等取崩し
②　保険期間満了の時の年齢が70歳超、かつ、加入時の被保険者の年齢＋保険期間×2が95超（③に該当するものを除く。）	保険期間の最初の60%の期間	保険料の1/3損金算入 保険料の2/3資産計上
	残りの保険期間	支払保険料は全額損金算入 資産計上した保険料を残存期間で均等取崩し
③　保険期間満了の時の年齢が80歳超、かつ、加入時の被保険者の年齢＋保険期間×2が120超	保険期間の最初の60%の期間	保険料の1/4損金算入 保険料の3/4資産計上
	残りの保険期間	支払保険料は全額損金算入 資産計上した保険料を残存期間で均等取崩し

【長期平準定期保険】

区　　分	取　扱　い	
保険期間満了の時の年齢が70歳超、かつ、加入時の被保険者の年齢＋保険期間×2が105超で逓増定期保険に該当しないもの	保険期間の最初の60%の期間	保険料の1/2損金算入 保険料の1/2資産計上
	残りの保険期間	支払保険料は全額損金算入 資産計上した保険料を残存期間で均等取崩し

《取扱いのイメージ図》

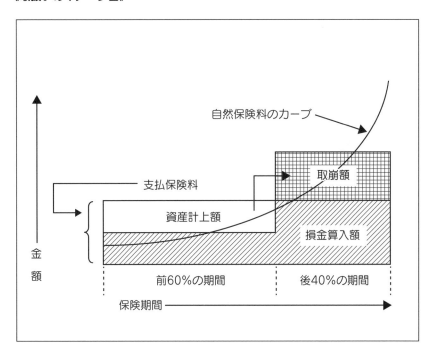

6 自宅（借家）を社宅にした場合

個人事業主が事業用としている店舗や事務所がある場合、自分が生活している住居費は事業とは関係がないので所得税の計算上は全く経費になりません。

法人成りした場合に、例えば個人名義で賃貸している社長の住宅を、会社が大家さんと契約し直して、会社が借主となり、その上で会社が社長に社宅として貸し付けたとします。

この場合、会社が毎月支払う家賃は経費（損金）になります。

そして、会社は社長から社宅料を受け取ります。

会社が社長から受け取る社宅料は会社の収入に計上することになります

が、会社が支払う家賃と社長から受け取る社宅料の差額が実質的な経費になります。

　では、会社は社長から家賃をいくらもらえばいいのでしょうか。

　税務上は、会社が社宅を役員に貸与する場合、一定の方法で計算した家賃を役員から徴収する必要があります。

　結論から言うと、会社が大家さんに支払う家賃の半分を社長から受け取れば税務上の問題はなく、会社が実際に大家さんに支払う家賃との差額は会社の経費として処理することが可能になります。

　ただし、役員が直接大家さんと契約している場合に会社が家賃の全額を負担したときは、実質的に会社が負担した家賃相当額は、役員に対する給与として給与課税の対象になります。

　法人名義で賃貸借契約を締結するようにご注意ください。

※　毎月の住宅家賃100,000円、社長から徴収すべき適正家賃額が50%である場合の会社の経理

　　　　　地代家賃　100,000円　/　現金預金　100,000円……社宅家賃
　　　　　現金預金　 50,000円　/　雑収入　　 50,000円……社宅個人負担分

　法人成りで会社を設立して、賃貸住宅の契約、家賃負担を見直してもらうことにより、50,000円（100,000円－50,000円）×12ヶ月＝600,000円の経費を計上することができます。

《居住用借家の取扱い》

区分	居住用借家（社宅）
個人事業	家事費
法　人	少なくとも家賃の50%は損金

◆コラム：役員社宅の月額家賃の計算

　役員から徴収すべき適正家賃金額（税法で定める小規模な住宅※の場合）
　次の(1)から(3)の合計額が賃貸料相当額になります。
　(1)　（その年度の建物の固定資産税の課税標準額）×0.2%
　(2)　12円×（その建物の総床面積（平方メートル）／3.3平方メートル）

⑶ （その年度の敷地の固定資産税の課税標準額）×0.22％

※ 小規模な住宅とは、建物の耐用年数が30年以下の場合には床面積が132平方メートル以下である住宅、建物の耐用年数が30年を超える場合には床面積が99平方メートル以下（区分所有の建物は共用部分の床面積をあん分し、専用部分の床面積に加えたところで判定します。）である住宅をいいます。

　小規模な住宅でない社宅（豪華社宅を除きます。）の場合は、会社が家主に支払う家賃の50％の金額と、一定の計算で算出した賃貸料相当額とのいずれか多い金額が賃貸料相当額になります。

　固定資産税の課税標準額は、賃借人であっても毎年4月から5月の間に固定資産課税台帳の閲覧ができますので、確認をすることができます。

　閲覧の際には、本人確認書類の他、賃貸借契約書などが必要です。

　一般的には、賃借料の50％で社宅の賃料を設定しているケースが多いと思われます。

◆コラム：自宅を会社に貸し付けた場合

　個人で所有している自宅の一部を会社に貸した場合について見てみたいと思います。

　具体的には、個人事業主が法人成りをして会社を設立し、個人が所有している自宅の一部を会社の事務所等として賃貸契約を結んだとします。

　その場合、毎月、会社から社長（個人）に家賃が支払われて会社の経費（損金）になります。

　一方、家賃を受け取る社長は、家賃という不動産所得が発生することになります。当然、受け取る家賃は所得税・住民税の対象になりますが、今まで自宅として経費にならなかった固定資産税が会社に賃貸している分の固定資産税等について、不動産所得の必要経費になります。

　また、住宅ローン控除等の適用を受けている場合においてその自宅のうち10％超部分を貸し付けたときは、その控除額は居住用部分のみとなります。さらに、事業割合が50％超になると住宅ローン控除が受けられなくなるので注意が必要です。

7 出張手当

　出張手当とは、一般的に、出張した役員・従業員に対して会社から支給する手当で、出張の際に直接的な交通費、宿泊費以外の諸費用を支出するための手当をいいます。

　個人事業主の場合、出張の際に生じる旅費や宿泊費用の実費は必要経費となりますが、出張した際の手当（出張手当や日当）を必要経費にすることはできません。

　なぜならば、個人事業の場合、給与の時もそうですが、自分が自分に出張手当や出張日当を支払う、という考え方がないからです。

　一方、法人成りして会社を設立した場合には、実費の旅費や宿泊費が経費になるのはもちろん、会社が社長に対して出張手当を支払えば経費（損金）になります。また、出張手当の消費税法上の取扱いは、旅費や宿泊費用と同じように課税仕入れとして仕入税額控除の対象になります。

　出張手当を受け取る社長や従業員は、出張手当に対して所得税や住民税の税金がかからないばかりか、実費弁償的なものは社会保険料の対象にもならないのです。ただし、支給された出張手当等が社会通念上不相当に高額である場合には、非課税とはならず、給与課税の対象になりますのでご注意ください。

　会社が出張した役員・従業員に対して出張手当や日当を支払う場合には、『旅費規程』や『出張規程』を作成し、出張者の役職や出張の距離に応じた出張手当の金額を予め決めておく必要があります。

　個人事業では認められない出張手当等が、法人成りして会社を設立することによって、出張手当等を支払う会社では経費になり、出張手当を受け取る個人では非課税所得となるのですから、出張の多い個人事業者は、前向きに検討すべきではないでしょうか。

《旅費、出張手当の取扱い》

区　分	出張の費用・手当（日当）
個人事業	出張に際し、必要な旅費や宿泊費用の実額が必要経費
法　人	規程に則り、社会通念上の範囲内で出張手当が損金

8　慶弔見舞金等

　個人事業の場合、業務に直接関係がない親族の冠婚葬祭等に対して金品を支給したとしても、その事業に関係ない支出はプライベートな経費とされ、必要経費になりません。

　しかし、法人成りをして会社を設立した場合、『福利厚生規程』や『慶弔規程』を作成することにより、その規定に従い、会社が役員・従業員に支給する慶弔見舞金（結婚祝い、出産祝いや見舞金）は社会通念上相当額のものであれば、福利厚生費として経費処理（損金処理）できます。

　慶弔見舞金等を受け取った役員・従業員の個人側では、出張手当等と同じように所得税・住民税や社会保険料が課されません。

　この慶弔見舞金等は役員・従業員である本人に対してはもちろん、役員・従業員の家族に対して支給することもできます。

　その場合、『福利厚生規程』や『慶弔規程』に支給基準を定めておくことは課税当局との間でのトラブル防止の一助になります。

　支給金額の設定については、役職や勤務年数等に応じた、社会通念上の相当額を設定するようにしてください。

《慶弔見舞金等の取扱い》

区　分	慶弔見舞金等
個人事業	業務の遂行上、直接必要な慶弔見舞金は必要経費になる
法　人	規程に則り、社会通念上の範囲内で慶弔見舞金が交際費や福利厚生費になる

9　退　職　金

　個人事業の場合、事業主は何十年働いていたとしても退職金を受け取ることができません。

　自分で自分に退職金を支払うという考え方が所得税法にはないからです。

　本人のみならず、事業専従者として働いている妻や子供などの家族従事者に退職金を支給したとしても必要経費にはなりません。

　しかし、法人成りをして会社を設立した場合、将来自分が役員等を退任した時には、会社から退職金を受け取ることが可能です。

　家族が役員や従業員である場合に、その家族の退職に際して会社から家族に対して退職金を支払うことができるのはもちろん、社長である自分の役員退任の際に会社から社長へ退職金を支給することができます。

　一方、退職金を受け取る個人側では、退職金の税制上の手厚い優遇を受けることができます。

　具体的には、退職所得の計算の際は、退職所得控除という勤続年数に応じて一定の控除がある他、税率をかける前に1/2を乗じるので、実質的な税率は半分になります。さらに分離課税であるため、他の所得と合算する必要がありません。ただし、勤務年数が5年以下である役員に対する退職金、勤続年数が5年以下である役員以外の者に対する退職金で退職金の収入金額から退職所得控除額を控除した残額が300万円超の部分には1/2の適用がありませんので、ご注意ください。

　退職金に近い制度として、小規模企業共済制度があります。こちらは個人事業主も加入することができますが、実際に掛金を拠出する必要があります。外部に退職金を積み立てる制度です。

《退職金の取扱い》

区　　分	退　職　金
個人事業	自己又は事業専従者に対する退職金の支給は、必要経費にならない
法　人	規程に則り、社会通念上の範囲内で退職金として損金になる

◆コラム：小規模企業共済制度

　退職金に近い制度として、独立行政法人中小企業基盤整備機構が運営している小規模企業共済制度があります。

　この制度は、個人事業者や一定の会社役員が加入する制度です。

　加入条件はあるのですが、廃業時や役員退任時に積み立てた掛金に応じた共済金を受け取ることができます。

　共済金は一括受取り、分割受取り、一括受取りと分割受取りの併用の3種類から選択が可能です。掛金は月額1,000円〜70,000円なので、最大で年額84万円です。

　この掛金は必要経費にはなりませんが、所得控除の対象となります。

　一定の要件を満たせば、法人成り後も引き続き、会社役員として加入し続けることも可能です。

10　欠損金の繰越控除制度の活用

　青色申告による個人事業でその年1年間の事業活動で損失（純損失）を出した場合、その純損失は翌年以後3年間繰り越すことができます。

　一方、会社がその事業年度で税務上の損失（欠損金）を計上した場合には、翌期以後10年間繰り越すことができます。

　繰越欠損金制度は、税務上の赤字（欠損金）が出た場合、翌期以降の利益（所得）と相殺できる制度です。

　具体的には、当期の事業年度が赤字になったとします。その赤字額は翌期以降の費用（損金）として使用することができるのです。

　例えば、80万円の税務上の赤字が生じ、翌期の利益が100万円だった場合、100万円から80万円を控除した20万円を所得として計算することになります。

　多額の赤字となった場合、個人事業では繰り越せる期間が3年間という短い期間のため「過去の繰越損失」のすべてを控除できないかもしれません。しかし、法人の場合は10年間繰り越せますので、個人事業の3年に比べますと、損失を使い切れないリスクはかなり少なくなると思います。

　この法人の繰越欠損金を10年間繰り越すことができるようにするには、青色申告の承認を受ける必要がありますので、設立後、所定の期間内に『青色申告の承認申請書』（P51参照）の提出を忘れないようにご注意ください。

　法人の繰越欠損金の損金算入は、一般的な中小法人は、繰越欠損金の範囲内であればその事業年度の所得から100％控除することができるのですが、資本金1億円超の会社などの場合には、その事業年度の所得の50％までしか繰越欠損金が控除できません。言い換えますと、いくら繰越欠損金があったとしてもその事業年度の所得の半分は課税対象となってしまうということです。

《欠損金・純損失の取扱い》

区　分	区　　分	欠損金（純損失）の取扱い
個人事業	―	純損失発生の翌年以後３年間の所得と相殺できる
法　人	資本金１億円以下 （※）	10年間の課税所得から控除できる
	資本金１億円超	10年間の課税所得から繰越欠損金控除前の課税所得の50％まで繰越欠損金の控除ができる

※　資本金が１億円以下でも資本金５億円以上の会社の子会社などは欠損金の繰越控除の使用制限制度から除かれますが、一般的な法人成りの場合はこのケースにはほとんど該当しないと思われます。

11　決算期の変更

　個人事業者の場合、１月１日から12月31日までの利益（所得）を確定申告することによって税金を確定させます。この１月１日から12月31日までの計算期間は変更することができません。

　一方、法人の場合には、会計期間（計算期間）を自由に定款で定めて、決算期を決めることができます。

　さらに、法人の場合、決算期の変更を行うことができます。

　その場合の手続きは、定款変更を行うことによって、決算期の変更が可能です。

　決算期変更を行う場合、株主総会で特別決議の承認を経て、定款変更を行います。

　決算期を変更しても登記事項ではないので、法務局の手続きは必要ありません。

　ただし、決算期変更を行った旨の『異動届出書』を納税地の所轄税務署長等へ提出することを忘れないようにしてください。

　１年を通じて毎月平準的に売上が計上されず、特定の時期に売上が多く上

がる会社も多いと思います。そのような会社は、売上が多く上がる時期が事業年度の最初の方になるよう決算期を変更すれば、事業年度の後半に利益対策を講じることも可能となるでしょう。

　売上が多く上がる時期が事業年度の最後の方だと十分な対策ができず、思わぬ納税負担が生じる可能性もあります。

　それ以外にも在庫の少ない時期や仕事の繁忙期を考慮して決算期を変更する場合もあります。中には、顧問税理士が忙しくない時期に決算期を調整する方もいるようです。

　事業年度（決算期）を任意に定めて、場合によっては決算期変更を行うことができるのは、法人だからこそできることといえます。

《売上によって決算期を決定する場合（イメージ）》

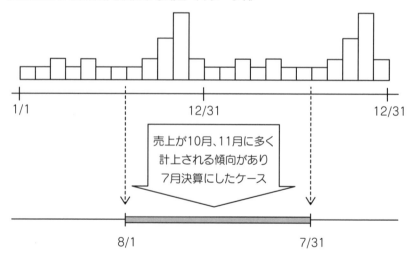

12　法人化のデメリット

　今まで見てきた項目は法人成りして会社にした場合、有利になるものが多かったと思います。

　税金面以外にも会社組織にすることによって信用力が上がるとか、従業員を採用しやすくなるなど、他にも法人化するメリットはあるかと思います。

　しかし、今度は逆に法人成りすることによって、会社を設立した場合のデメリットを確認してみたいと思います。

(1)　法人の設立費用

　個人事業の場合は、設立費用は発生しませんが、会社を設立する場合には当然ながら設立費用がかかります。

　設立費用は、資本金等の額によって金額は変わりますが、株式会社の場合は資本金を除いて、おおよそ20万円から30万円くらいが一般的のようです。

　会社を清算する場合の清算費用も設立費用と同じくらいの費用が発生します。個人事業主が、事業を廃止したとしても届出書を提出するだけなので、大きな違いがあると言えます。

(2)　税理士費用

　個人事業主の青色申告は、特殊な申告を除けば、自分で申告している方も多いと思います。

　会社の税金の申告は、素人の方では難しい点も多く、決算や申告を税理士に依頼するケースが多いのではないでしょうか。

　決算の時だけ申告を依頼した場合でも15万円〜30万円の税理士費用が生じるのが一般的かと思います。

(3) 赤字でも均等割が課税される

　赤字の場合であっても、会社の場合は法人住民税均等割という税金が課税されます。これは、資本金と従業員数が増えれば均等割りの税額も大きくなります。資本金が1,000万円以下で従業員が50人以下の場合、1年間の法人住民税均等割額は7万円となります（東京都の場合）。

(4) 役員報酬は最初の3ヶ月で決めた金額で固定

　役員報酬については、会計期間開始の日から3ヶ月以内に決めて、次の定時株主総会まで、原則として変更をすることができません。

　厳密にいうと、会社法上は役員報酬の金額変更をすることはできるのですが、税務上は、期中の役員報酬の変更は原則として認められていないのです。

　認められていないというのは、期中の役員報酬の変更があった場合、税務上、損金として認められない役員報酬が生ずるという意味です。

　利益が出たからといって、途中で役員報酬を増やしたり、役員賞与を支給しても、その増額した役員報酬や役員賞与は法人税を計算する際の損金にならないため注意が必要です。

(5) 社会保険料の負担が生じる

　個人事業主は国民健康保険料と国民年金保険料を納付します。

　会社を設立して役員報酬を受け取る場合には、社会保険に加入して社会保険料を支払うことになります。

　その場合の保険料は、会社負担と個人負担を合わせると給与の30％くらいになります。一般的には、個人事業主が支払う保険料の合計額より、会社が支払う社会保険料の場合（会社負担と個人負担を合わせた金額）の方が多くなります。

第 2 章

設立に関する税務・社会保険の手続き

Ⅰ　設立後の税務手続きについて

1　提出書類の全体像

　新たに会社を設立した場合、必要に応じて、税務署などに届出書や申請書を提出します。

　いろいろな特例や制度の中には、届出書や申請書を提出しなければ適用が認められないものもあります。

　書類の提出時期を間違うと当初予定していた事業年度から特例や制度の適用が受けられないということにもなりかねません。

　ですから、各書類の提出期限はとても重要です。

　まずは、どのような提出書類があるのか、また、その提出期限や提出先などを主なものを中心にみてみましょう。

　なお、これから紹介する届出書や申請書は、国税に関するものは国税庁のホームページ、地方税に関するものは都道府県税事務所、市役所等のホームページからダウンロードすることができます。

〈法人税・地方税の主な届出書・申請書〉

書　類　名		提出期限	提　出　先
設立の届出	①　法人設立届出書	設立の日から2ヶ月以内	税務署長
	②　法人設立届出書（＊）	設立の日から2ヶ月以内 （都税事務所及び市町村においてはそれぞれの定める期間内）	地方公共団体 ・都道府県 ・市町村
	③　青色申告の承認申請書	最初の事業年度終了の日又は設	税務署長

		立の日から３ヶ月を経過した日のいずれか早い日の前日	
④	給与支払事務所等の開設・移転・廃止届出書	給与等の支払事務を取り扱う事務所を開設した日から１ヶ月以内	税務署長
⑤	源泉所得税の納期の特例の承認に関する申請書	－ （提出した日の翌月に支払う給与等から適用）	税務署長
⑥	棚卸資産の評価方法の届出書	設立事業年度分の確定申告書の提出期限まで	税務署長
⑦	減価償却資産の償却方法の届出書	設立事業年度分の確定申告書の提出期限まで	税務署長
申告期限の延長	⑧　申告期限の延長の特例の申請書	事業年度終了の日まで	税務署長
	⑨　法人税に係る確定申告書の提出期限の延長の処分等の届出書（法人住民税）	事業年度終了の日から22日以内	地方公共団体・都道府県
	⑩　申告書の提出期限の延長の承認申請書（法人事業税）	事業年度終了の日まで	
⑪	外貨建資産等の期末換算方法等の届出書	事業年度の確定申告書の提出期限まで	税務署長
⑫	事前確定届出給与に関する届出書	設立の日から２ヶ月を経過する日まで	税務署長

（＊）地方公共団体により、書類の名称が異なります。

2　届出書・申請書の内容について

(1)　法人設立届出書（税務署長）

　法人設立届出書は、設立した会社の概要を税務署に知らせるための書類です。

　この書類を届け出ることにより、税務署から法人税の申告に必要な書類が送付されてきます。

　法人設立届出書は、定款等の写しを添付して、設立から2ヶ月以内に提出することになっています。

　平成31年3月以前は、以下の書類を添付書類として提出していましたが、平成31年4月以降は法人設立届出書に添付する書類は定款等の写しのみとなりました。

　イ　定款の写し

　ロ　設立時貸借対照表

　ハ　設立趣意書

　ニ　株主名簿

(2)　法人設立届出書（地方公共団体）

　法人設立届出書は、都道府県や市区町村にも提出します。

　記載する事項は税務署に提出するものとほぼ同じ内容となっています。

　この届出書を提出することにより地方税の申告関係の書類が送付されてきます。

　提出期限は、上記(1)の法人設立届出書と同様に会社設立から2ヶ月以内というところが多いようですが地方公共団体によってバラツキがありますので本店所在地の道府県や市区町村に確認してください。

　東京都の場合、事業開始した日から15日以内に提出することになっていますので、ご注意ください。

　また、添付書類は、通常、以下のイ、ロとなっており、東京都などは登記

事項証明書の写しの添付が必要です。

　　イ　定款等のコピー

　　ロ　登記事項証明書（＊）

（＊）　登記事項証明書は、オンライン登記情報提供制度（http://www1.tou
　　ki.or.jp）を利用した場合には、添付書類等の欄に「照会番号」及び「発行年
　　月日」を記載することによって、添付が不要となる場合があります。

(3)　青色申告の承認申請書

　青色申告は、会社が法定の帳簿書類を備え付けて取引を記録し、かつ、整
理保存することを条件に、会社に各種の特典が与えられる制度です。

　この制度の適用を受けるためには、会社が納税地の所轄税務署長に申請書
を提出し、その承認を受けなければなりません（法法121①）。

要件1	法定の帳簿書類を備え付けて取引を記録し、かつ、保存すること（法法123一、126①）
要件2	納税地の所轄税務署長に青色申告の承認の申請書を提出して、あらかじめ承認を受けること（法法122、124、125）

　青色申告制度の承認を受けた会社は、青色の法人税の申告書を提出するこ
とから青色申告法人と呼ばれています。

　これに対し、青色申告の承認を受けていない法人は、白色申告法人と言わ
れています。

　また、青色申告法人の申告を青色申告、白色申告法人の申告を白色申告と
言います。

　国税庁の令和2年度分会社標本調査によると、法人数（＊）2,788,737社
（100％）のうち、青色申告法人は2,766,379社（99.19％）となっています。
（＊）連結法人を除きます。

　青色申告は白色申告に比べて、帳簿書類の備付けなど面倒な点も生じます
が、繰越欠損金を10年間繰り越すことができたり、各種の特別償却、税額控

除の適用が受けられたりするなど税務上のメリットがあります。

　青色申告法人になるには、『青色申告の承認申請書』を、会社を設立してから 3 ヶ月を経過した日と最初の事業年度終了の日のいずれか早い日の前日までに所轄税務署長に提出して承認を受けなければなりません（法法122②一）。

　もし、第 1 期の提出期限に間に合わなかった場合には、第 2 期事業年度開始の日の前日、すなわち第 1 期の事業年度末日までに『青色申告の承認申請書』を提出することによって、第 2 期から青色申告法人になります（法法122①）。

①　青色申告の主な特典

特　　　典	概　　　要
青色欠損金の繰越し	青色欠損金は10年間繰り越すことができます。翌期以降の所得（利益）からこの繰越欠損金を控除することができます。
欠損金の繰戻し還付	青色欠損金が生じた事業年度に、その前年に納税した法人税の全部又は一部の還付をしてもらうことができます。
租税特別措置法の 特別償却・割増償却	中小企業者等が一定の機械等を取得した場合に通常の償却費とは別枠で償却費が計上できます。
法人税額の特別控除 （租税特別措置法）	試験研究費の支出があった場合や一定の資産を購入した場合等に法人税の特別控除の適用を受けることができます。
推計による更正・決定の禁止	推計課税による更正・決定を受けることはありません。

②　法定の帳簿書類

　青色申告法人は、資産、負債及び資本に影響を及ぼす一切の取引を複式簿記の原則に従って、整然と、かつ、明瞭に記録し、その記録に基づいて決算を行わなければなりません。

　したがって、主要簿である仕訳帳及び総勘定元帳や棚卸表などは、必ず作成し備え付けておかなければなりません。

　その他の帳簿類は必要に応じて、備え付けておく必要があります。

〈主な帳簿書類〉

帳　　簿		記　載　事　項
必須	仕訳帳	取引の年月日、取引の内容、勘定科目、金額 （取引発生順に記載）
	総勘定元帳	勘定ごとの記載の年月日、相手勘定科目、金額
	棚卸表	期末日において、棚卸資産の棚卸し、その他決算のために必要な事項の整理を行い、その事績を明瞭に記録
必要に応じて備付け	現金出納帳	取引の年月日、事由、出納先、金額、日々の残高
	当座預金出納帳	預金の口座別の取引の年月日、事由、支払先、金額
	売掛帳	取引の年月日、取引の内容、金額、請求した日など
	買掛帳	取引の年月日、取引の内容、金額、請求された日など
	経費帳	取引の年月日、取引の内容、金額、勘定科目など
	固定資産台帳	資産の種類、名称、取得年月日、取得価額、減価償却方法、耐用年数、償却率、減価償却費、減価償却累計額、帳簿価額など

◆コラム：届出と申請の違い

　届出は、ある制度や方法の適用を受ける場合に、会社が税務署長等にその適用を受けたい旨の届出書を提出することにより、認められるものです。

　これに対し、申請は、ある制度や方法の適用を受ける場合、事前に税務署長等にその適用を受けたい旨の申請書を提出して、その承認を得て初めて認められるものです。

　その申請が承認されないで却下された場合には、その申請に関する適用は受けられないということになります。

　『青色申告の承認申請書』は自動承認制度が採られていて、『青色申告の承認申請書』を提出期限までに提出し、その後、設立事業年度終了の日までに通知がない場合は、その日において自動的に承認があったものとみなされます。

　これをみなし承認と言います。

青色申告の承認申請書

税務署受付印		※整理番号	

		納　税　地	〒 電話（　　）　　－
令和　年　月　日		（フリガナ） 法　人　名　等	
		法　人　番　号	‖　‖　‖　‖　‖　‖　‖
		（フリガナ） 代　表　者　氏　名	
		代　表　者　住　所	〒
税務署長殿		事　業　種　目	業
		資　本　金　又　は 出　資　金　額	円

自令和　年　月　日
至令和　年　月　日　　事業年度から法人税の申告書を青色申告書によって提出したいので申請します。

記

1　次に該当するときには、それぞれ□にレ印を付すとともに該当の年月日等を記載してください。

　□　青色申告書の提出の承認を取り消され、又は青色申告書による申告書の提出をやめる旨の届出書を提出した後に再び青色申告書の提出の承認を申請する場合には、その取消しの通知を受けた日又は取りやめの届出書を提出した日　　　　　　　　　　　　　　　　　　　　　　　　　　　　　　　平成・令和　年　月　日

　□　この申請後、青色申告書を最初に提出しようとする事業年度が設立第一期等に該当する場合には、内国法人である普通法人若しくは協同組合等にあってはその設立の日、内国法人である公益法人等若しくは人格のない社団等にあっては新たに収益事業を開始した日又は公益法人等（収益事業を行っていないものに限ります。）に該当していた普通法人若しくは協同組合等にあっては当該普通法人若しくは協同組合等に該当することとなった日　　　　　　　　　　　　　　　　　　　　　　　　　　　　　　　平成・令和　年　月　日

　□　所得税法等の一部を改正する法律（令和2年法律第8号）（以下「令和2年改正法」といいます。）による改正前の法人税法（以下「令和2年旧法人税法」といいます。）第4条の5第1項（連結納税の承認の取消し）の規定により連結納税の承認を取り消された後に青色申告書の提出の承認を申請する場合には、その取り消された日

　□　令和2年旧法人税法第4条の5第2項各号の規定により連結納税の承認を取り消された場合には、同項各号のうち、取消しの基因となった事実に該当する号及びその事実が生じた日　　　　　　　　　　　　　　　　　　　　　　　　　　　　　令和2年旧法人税法第4条の5第2項第　　　号　　　　　　　　　　　　　　　　　　　　　　　　　　　　　　　平成・令和　年　月　日

　□　連結納税の取りやめの承認を受けた日を含む連結法人事業年度の翌事業年度に青色申告書の提出をしようとする場合には、その承認を受けた日　　　　　　　　　　　　　　　　　　　　　　　令和　年　月　日

　□　令和2年改正法附則第29条第2項の規定による届出書を提出した日を含む最終の連結事業年度の翌事業年度に青色申告書の提出をしようとする場合には、その届出書を提出した日　　　　　　　　　　令和　年　月　日

2　参考事項

（1）　帳簿組織の状況

伝票又は帳簿名	左の帳簿 の　形　態	記　帳　の 時　　　期	伝票又は帳簿名	左の帳簿 の　形　態	記　帳　の 時　　　期

（2）　特別な記帳方法の採用の有無
　　イ　伝票会計採用
　　ロ　電子計算機利用

（3）　税理士が関与している場合におけるその関与度合

税　理　士　署　名	

※税務署 処理欄	部門	決算 期	業種 番号	番号	入力	備考	通信 日付印	年　月　日	確認

04.03 改正

（規格A4）

(4)　給与支払事務所等の開設・移転・廃止届出書

　会社が役員や従業員などに給与の支払いをする場合には、会社には源泉徴収義務がありますので、給与等の支払事務を取り扱う事務所を開設した日から1ヶ月以内に『給与支払事務所等の開設・移転・廃止届出書』を所轄税務署長に提出しなければなりません。

　この届出書を提出することにより、税務署から源泉所得税の納付書が送られて来るようになります。

　給与等の支払い事務を取り扱う事務所等を移転する場合や廃止した場合にも、この届出書を提出しなければなりません。その場合の提出期限も、移転、廃止等があった日から1ヶ月以内です。

　なお、移転の場合には、移転前の給与支払事務所等の所在地の所轄税務署へ提出することになっています。

◆コラム：扶養控除等申告書

　会社が従業員等に給与の支払いをする際に所得税の源泉徴収を行うのであれば、従業員等に「給与所得者の扶養控除等申告書」を会社に提出してもらいます。

　この申告書を提出してもらうことによって、会社が「甲欄」を適用して源泉徴収することができます。

　提出がない場合には「乙欄」を適用して源泉徴収することになり、従業員等にとっても源泉徴収額が増えて、給与の手取額が少なくなります。

　毎月の給与支給額や源泉徴収額を源泉徴収簿に記載することを忘れないようにしてください。

　さらに、「賃金台帳」、「労働者名簿」、「出勤簿（タイムカード等）」等を会社に備え付けることが必要ですのでご注意ください。

※整理番号

給与支払事務所等の開設・移転・廃止届出書

税務署受付印

令和　　年　　月　　日

税務署長殿

所得税法第230条の規定により次の
とおり届け出ます。

事務所開設者	住所又は本店所在地	〒　　電話（　　　）　　　－
	（フリガナ）	
	氏名又は名称	
	個人番号又は法人番号	※個人番号の記載に当たっては、左端を空欄とし、ここから記載してください。
	（フリガナ）	
	代表者氏名	

(注)　「住所又は本店所在地」欄については、個人の方については申告所得税の納税地、法人については本店所在地（外国法人の場合には国外の本店所在地）を記載してください。

開設・移転・廃止年月日	令和　　年　　月　　日	給与支払を開始する年月日	令和　　年　　月　　日

○届出の内容及び理由
（該当する事項のチェック欄□に✓印を付してください。）

「給与支払事務所等について」欄の記載事項

		開設・異動前	異動後

開設
　□ 開業又は法人の設立
　□ 上記以外
　※本店所在地等とは別の所在地に支店等を開設した場合
→ 開設した支店等の所在地

移転
　□ 所在地の移転
→ 移転前の所在地　／　移転後の所在地
　□ 既存の給与支払事務所等への引継ぎ
　（理由）□ 法人の合併　□ 法人の分割　□ 支店等の閉鎖
　　　　　□ その他（　　　　　　　）
→ 引継ぎをする前の給与支払事務所等　／　引継先の給与支払事務所等

廃止　□ 廃業又は清算結了　□ 休業

その他（　　　　　　　）
→ 異動前の事項　／　異動後の事項

○給与支払事務所等について

	開設・異動前	異動後
（フリガナ）		
氏名又は名称		
住所又は所在地	〒　　電話（　　　）　　　－	〒　　電話（　　　）　　　－
（フリガナ）		
責任者氏名		

従事員数	役員　　人	従業員　　人	（　）人	（　）人	（　）人	計　　人

（その他参考事項）

税理士署名

※税務署処理欄	部門	決算期	業種番号	入力	名簿等	用紙交付	通信日付印	年月日	確認	
	番号確認	身元確認 □済 □未済	確認書類 個人番号カード／通知カード・運転免許証 その他（　　）							

（規格A4）

03.06改正

(5)　源泉所得税の納期の特例の承認に関する申請書

　会社が従業員の給与から源泉徴収した源泉所得税は、原則として徴収した日の翌月10日が納期限となっています。

　従業員等の給与の支給人員が10名未満の会社は、この源泉徴収した税金を年2回で納付する特例があります。

　具体的には、1月分から6月分を7月10日まで、7月分から12月分を翌年の1月20日までと年2回納付することができます。

　この特例では、給与等のほか、退職手当、税理士等の報酬・料金についても年2回納付できます。

　特例の適用を受けるには、『源泉所得税の納期の特例の承認に関する申請書』を給与支払事務所等の所在地の所轄税務署へ提出する必要があります。

　提出時期は特に定めはないのですが、この書類を提出した日の翌月に支給する給与から適用されます。

《適用開始時期のイメージ》

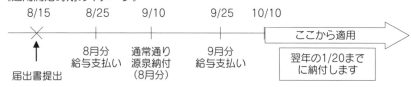

　例えば、『源泉所得税の納期の特例の承認に関する申請書』を8月に提出した場合、9月に支給する給与の源泉所得税から適用されます。

　この申請書の承認又は却下の通知は、申請書を提出した月の翌月末日までに行われることになっています。

　したがって、通知がなければ、申請書を提出した月の翌月末日に承認があったものとされ、申請の翌々月の納付分からこの特例が適用されます。

　また、給与の支給人員が常時10人未満でなくなった場合などにより、納期の特例の要件に該当しなくなった場合には、『源泉所得税の納期の特例の要件に該当しなくなったことの届出書』を提出する必要があります。

　源泉所得税の納期限に遅れて納付した場合には、不納付加算税として源泉

所得税の10％（自主納付の場合は５％）がペナルティとして課税されます。不納付加算税の税額が5,000円未満であれば全額切捨てになるため、納付すべき源泉所得税額が10万円未満で自主的に源泉所得税を納付した場合には不納付加算税はかからないことになります。

　１万円以上の源泉所得税を納期限までに納付しなかった場合には、不納付加算税のほか、延滞税が課税されます。

　延滞税は、納期限の翌日から２月間は2.4％（令和４年分）、それ以降は14.6％（令和４年分は8.7％）が課税されます。延滞税の納付税額の端数処理は100円未満切捨てとなります。

《計算例》
　50万円の源泉所得税の納付が120日遅れた場合（自主納付の場合）
① 　不納付加算税：500,000円×５％＝25,000円
② 　延滞税：
　　　ⅰ） 　500,000円×2.4％×61日※/365日＝2,005円（１円未満切捨て）
　　　ⅱ） 　500,000円×8.7％×59日/365日＝7,031円（１円未満切捨て）
　　　ⅲ） 　ⅰ）＋ⅱ）＝9,000円（100円未満切捨て）
③ 　①＋②＝34,000円

※ 　120日のうち、納期限の翌日から２ヶ月間は61日と仮定しています

　説明が複雑になるため、復興特別所得税については説明を省略しましたが、実務では復興特別所得税もあわせて徴収して納付しなければなりません。

　東日本大震災からの復興に必要な財源を確保するため、平成25年１月１日から令和19年12月31日までの間に生ずる所得について源泉所得税を徴収する際に、復興特別所得税もあわせて徴収し、その合計額を国に納付することになっています。

　復興特別所得税の額は、源泉徴収すべき所得税額の2.1％相当額とされています。

　実際には、源泉徴収の対象となる支払金額等に対して、所得税と復興特別

所得税の合計税率を乗じて計算した金額を徴収し、1枚の納付書で納付します。

◆コラム：納期の特例と資金繰り

　源泉所得税の納期の特例の承認に関する制度の適用を受けた場合、源泉所得税の納付は年2回で済みますので、事務負担は軽くなります。

　しかしながら、注意が必要なのは会社の資金繰りです。

　なぜなら、半年分の源泉所得税をまとめて納付することになるので、資金負担が重くなる可能性があるからです。

　源泉所得税は、消費税と同様に、会社の利益に関係なく納税しなければなりません。

　従業員から預った源泉所得税を使ってしまうと納付のときに現預金の残高が不足するということがあるのです。

　つまり、源泉所得税は、帳簿上、負債である預り金としてしか計上していませんので、その納税資金をきちんと確保しておく必要があるのです。

　預金に残高があるからといって半年ごとに訪れる納期限には支払いができるように気を付けなければいけません。

源泉所得税の納期の特例の承認に関する申請書

		※整理番号

税務署受付印	住　所　又　は本店の所在地	〒電話　　－　　－
令和　年　月　日	（フリガナ）氏名又は名称	
	法　人　番　号	※個人の方は個人番号の記載は不要です。
税務署長殿	（フリガナ）代表者氏名	

　次の給与支払事務所等につき、所得税法第216条の規定による源泉所得税の納期の特例についての承認を申請します。

給与支払事務所等に関する事項	給与支払事務所等の所在地※　申請者の住所（居所）又は本店（主たる事務所）の所在地と給与支払事務所等の所在地とが異なる場合に記載してください。	〒電話　　－　　－		
	申請の日前6か月間の各月末の給与の支払を受ける者の人員及び各月の支給金額〔外書は、臨時雇用者に係るもの〕	月　区　分	支　給　人　員	支　給　額
		年　月	外　　　　人	外　　　　円
		年　月	外　　　　人	外　　　　円
		年　月	外　　　　人	外　　　　円
		年　月	外　　　　人	外　　　　円
		年　月	外　　　　人	外　　　　円
		年　月	外　　　　人	外　　　　円
	1　現に国税の滞納があり又は最近において著しい納付遅延の事実がある場合で、それがやむを得ない理由によるものであるときは、その理由の詳細2　申請の日前1年以内に納期の特例の承認を取り消されたことがある場合には、その年月日			

税　理　士　署　名	

※税務署処理欄	部門	決算期	業種番号	番号	入力	名簿	通信日付印	年月日	確認

03.06改正

(6)　申告期限の延長の特例の申請書

①　法　人　税

　法人税の確定申告書の提出期限は、原則として、決算日後2ヶ月以内です。

　特例として、定款上、定時株主総会の開催時期が「毎事業年度末日の翌日から3ヶ月以内」となっている会社については、1ヶ月間の申告期限の延長が認められています（法法75の2）。

　ただし、この特例の適用を受ける場合には、『申告期限の延長の特例の申請書』を納税地の所轄税務署長に提出します。

　この申請書の提出期限は、申告期限の延長の適用を受けようとする事業年度終了の日までです。

　この申請に対しては延長又は却下の通知が書面により行われますが、事業年度終了の日から15日以内に延長又は却下の通知がなかったときは延長の承認があったものとみなされます（法法75の2⑥、⑧）。

　また、延長申請書を一度だけ提出すれば『申告期限の延長の特例の取りやめの届出書』を提出するまで効果が続きます。

　この申告期限の延長は、解散した法人の残余財産の確定の日の属する事業年度の確定申告書の提出期限については適用がありませんのでご注意ください。

　申告期限の延長を行った場合には、法人税の納期限も1ヶ月延長されます。

　しかし、本来の納期限である事業年度終了の日から2ヶ月を超えて延長された期間中に納付した場合には、利子税を納付しなければならないので注意が必要です（法法75⑦、75の2⑧）。

　この利子税は、法人税の損金（経費）になります。

　税額が確定できない場合には、本来の申告期限である2ヶ月以内にいったん概算額で納付（見込み納付）します。

　その後、確定した税額と概算税額の差異については、追加で納税するか又

は還付を受けます。

　追加で納付する税額がある場合には、追加税額に対して利子税が発生してしまいますので資金繰りに問題がなければ見込み納付額は多めにする方が良いと思います。

《利子税、延滞税、延滞金の関係》

イ　納期限を延長していない場合

ロ　納期限を延長している場合

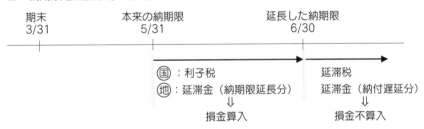

　期限後申告になった場合には無申告加算税が課されます。

　また、2期連続して法人税の期限後申告を行った場合、通常、青色申告が取り消されるため、予防策として申告期限の延長を行うことは有効です。

　さらに申告書の作成、提出について1ヶ月間猶予が生じ、事務処理期間が1ヶ月間延びるというメリットにもつながりますので、申告期限の延長の制度は積極的に検討すべきだと思います。

　以前は、消費税には法人税のような申告期限の延長制度はなかったのですが、令和2年度税制改正では、法人税の申告期限の延長の特例の適用を受ける法人は、別途、『消費税申告期限延長届出書』を納税地の所轄税務署長に

提出することにより、消費税の確定申告期限も1ヶ月延長できる制度が設けられていますのであわせて検討していただきたいと思います。

◆コラム：申告期限の延長を利用するのは上場会社だけではない

　法人税は確定した決算に基づいて計算することになっています。

　確定した決算とは、株主総会の承認を得た決算書のことをいいます。

　6月の最終週に株主総会が集中しているという報道等を見た方も多いと思います。

　以前は総会屋対策から同じ日に株主総会の日程を設定していた会社が多かったのです。

　上場している3月決算法人の株主総会の日程が6月下旬になっているのは、事業年度末から3ヶ月以内に定時株主総会を開催すると定款に定めているからです。

　上場会社は株主総会で決算書の承認を得る前に監査法人の監査を受けなければならず、スケジュール的にも事業年度末から2ヶ月以内の株主総会開催は困難です。

　すると、事業年度終了後2ヶ月以内に決算が確定せず、法人税の申告も事業年度終了の日から2ヶ月以内では申告書の提出ができません。

　そのため、法人税の申告期限の延長を行い、定時株主総会で決算書の承認を得た上で、事業年度終了後3ヶ月以内に申告をしているのです。

　これは、上場会社だけに認められた制度ではなく、上場していない中小企業であっても、定款に定時株主総会の開催時期が「毎事業年度末日の翌日から3ヶ月以内」となっていれば申告期限延長の申請を行えます。

　現状の定款が「事業年度終了後2ヶ月以内」となっているのであれば、「事業年度終了後3ヶ月以内」に定款変更を行うことを検討しても良いと思います。

　なお、平成29年度税制改正により、法人税の確定申告書の提出期限について、一定の要件を満たす場合には、最大4ヶ月間の延長が認められることとなりました。

申告期限の延長の特例の申請書

	※整理番号	
	※通算グループ整理番号	

	提出区分	納　税　地	〒
			電話(　　)　　　－
令和　年　月　日	□ 通算親法人が提出する場合	（フリガナ）	
		法　人　名　等	
		法　人　番　号	｜｜｜｜｜｜｜｜｜｜｜｜｜
		（フリガナ）	
		代　表　者　氏　名	
税務署長殿		代　表　者　住　所	〒
		事　業　種　目	業

自令和　年　月　日
至令和　年　月　日　　事業年度の所得に対する法人税の確定申告書から提出期限の延長をし、延長月数の指定若しくは指定の取消しを受け又は延長月数の変更をしたいので申請します。

記

申告期限延長期間	(1) 申告期限が延長されていない法人 　□　申告期限を1月（通算法人にあっては、2月）延長したい場合 　□　申告期限の延長及び2月（通算法人にあっては、3月）以上の延長月数の指定を受けたい場合　その月数（　　） (2) 申告期限が1月（通算法人にあっては、2月）延長されている法人 　□　2月（通算法人にあっては、3月）以上の延長月数の指定を受けたい場合　　　　　　　　その月数（　　） (3) 2月（通算法人にあっては、3月）以上の延長月数の指定を受けている法人 　□　延長月数の指定の取消しを受け、1月（通算法人にあっては、2月）延長としたい場合　取消し前の月数（　　） 　□　2月（通算法人にあっては、3月）以上の範囲内で延長月数の指定を受けている月数を　変更前の月数（　　） 　　　変更したい場合　　　　　　　　　　　　　　　　　　　　　　　　　　　　　　　　変更後の月数（　　）

各事業年度終了の日の翌日から2月以内（延長月数の指定を受けようとする場合には各事業年度終了の日の翌日から3月以内又は通算法人の事業年度終了の日の翌日から4月以内）に各事業年度の決算についての定時総会が招集されない、又は通算法人が多数に上ることその他これに類する理由により損益通算等による所得の金額若しくは欠損金額及び法人税の額の計算を了することができない理由	根 拠 条 文	□　法人税法第75条の2第1項柱書（同条第11項第1号の規定により読み替えて適用する場合及び同法第144条の8において準用する場合を含む。） □　法人税法第75条の2第1項第1号（同条第11項第1号の規定により読み替えて適用する場合及び同法第144条の8において準用する場合を含む。） □　法人税法第75条の2第1項第2号（同条第11項第1号の規定により読み替えて適用する場合及び同法第144条の8において準用する場合を含む。） □　法人税法第75条の2第2項（同条第11項第1号の規定により読み替えて適用する場合及び同法第144条の8において準用する場合を含む。）
その他参考となるべき事項	添付書類等	1　定款等の写し 2　その他 〔　　　　　　　　　　　　〕

税　理　士　署　名	

※税務署処理欄	部門	決算期	業種番号	番号	入力	名簿等		通信日付印	確認
	回付先　□　親署→子署　・　□　親署→調査課							年　月　日	

（規格A4）

04.03改正

第28-(14)号様式

消 費 税 申 告 期 限 延 長 届 出 書

収受印			
令和　年　月　日	届 出 者	（フリガナ）	
		納　税　地	（〒　－　　） （電話番号　　－　　－　　）
		（フリガナ）	
		名 称 及 び 代 表 者 氏 名	
＿＿＿＿＿税務署長殿		法 人 番 号	

　下記のとおり、消費税法第45条の2 第1項 に規定する消費税申告書の提出期限の特例の適用を受けたいので、届出します。

事　業　年　度	自　　月　　日　至　　月　　日	
適 用 開 始 課 税 期 間	自　令和　年　月　日 至　令和　年　月　日	
適 用 要 件 等 の 確 認	法人税法第75条の2に規定する申請書の提出有無	有 ・ 無
	国、地方公共団体に準ずる法人の申告期限の特例の適用を受けていない	□ は　い
参　考　事　項		
税 理 士 署 名	（電話番号　　－　　－　　）	

※ 税務署処理欄	整理番号		部門番号		番号 確認	通 信 日 付 印 年　　月　　日	確 認
	届出年月日	年　月　日	入力処理	年　月　日	台帳整理	年　月　日	

注意　1．裏面の記載要領等に留意の上、記載してください。
　　　2．税務署処理欄は、記載しないでください。

②　法人地方税

　法人地方税の確定申告書の提出期限も法人税と同様、原則として、決算日後2ヶ月以内です。

　申告期限の延長を行う場合は、法人地方税として、別途、書類を提出する必要があります。

　具体的には、次の2つの書類を提出します。

　・法人税に係る確定申告書の提出期限の延長の処分等の届出書

　・申告書の提出期限の延長の承認申請書

　添付書類として、税務署に提出した受付印のある『申告期限の延長の特例の申請書』の控えのコピーを提出します。

　『法人税に係る確定申告書の提出期限の延長の処分等の届出書』は、法人住民税の延長の届出書になります。

法人税の申告期限の延長が認められれば、都道府県民税についてはこの届出書を提出しさえすれば良いことになっています。

届出書の提出先は都道府県税事務所です。提出期限は、延長の適用を受けようとする事業年度終了の日から22日以内に提出しなければなりません。

　なお、市町村民税については、法人税の申告期限の延長が認められれば、書類の提出は特に必要ありません（地方税法321の8①）。

　『申告書の提出期限の延長の承認申請書』は法人事業税の延長のための申請書になります。

提出先は都道府県税事務所に行います。

提出期限は、法人税と同じで、延長の適用を受けようとする事業年度終了の日までに提出しなければなりません。

　『法人税に係る確定申告書の提出期限の延長の処分等の届出書』と『申告書の提出期限の延長の承認申請書』は東京都、大阪府、愛知県などでは一つの書類にまとまっています。

　都道府県税事務所のホームページで確認の上、書類をダウンロードすると便利です。

　また、2以上の道府県で事業所を有する法人にあっては、本店所在地の都道府県税事務所にのみ提出することになっています。

◆コラム：なぜ道府県民税という用語なのか

　地方税法の中では、道府県民税や市町村民税という用語となっています。

　法人税申告書の別表5（2）の税目欄でも同様の表示となっています。

　では、東京都はどのように扱われるのでしょうか。

　地方税法第1条第2項では、地方税法中、道府県に関する規定は都に、市町村に関する規定は特別区（東京23区）に準用すると定められています。

　ですから、都民税は道府県民税に、区民税は市町村民税に該当することになります。

　東京23区にのみ事務所がある会社は、本店所在地を所轄する都税事務所に、書類を提出します。

　そして、税率も道府県民税相当分と市町村民税相当分をあわせた税率になっています。

---

(7)　棚卸資産（棚卸資産の評価方法の届出書）

　棚卸資産とは、販売することを目的として保有される財貨、用役又は投下される財貨又は用役をいいます。

　棚卸資産かどうかは、取得又は保有の目的などにより判断します。

　法人税法上の棚卸資産は、有価証券及び短期売買商品を除く資産で棚卸しをすべきものとされています。

棚卸資産	商品又は製品（副産物及び作業くずを含む）
	半製品
	仕掛品（半成工事を含む）
	主要原材料
	補助原材料
	消耗品で貯蔵中のもの
	その他これらに準する資産

　法人税法で認められている棚卸資産の評価方法は、原価法と低価法があります。

　原価法はさらに、①個別法、②先入先出法、③総平均法、④移動平均法、⑤最終仕入原価法、⑥売価還元法の6つの評価方法があります（法令28）。

　低価法は、期末棚卸資産を種類等の異なるごとに区別して、その種類等の同じものについて、原価法のいずれかの方法により算出した取得価額と事業年度終了の時における価額（時価）と比較して、どちらか低い価額をその評価額とする方法です（法令28①二）。

①　原　価　法

　（ⅰ）　個別法による原価法

　（ⅱ）　先入先出法による原価法

　（ⅲ）　総平均法による原価法

　（ⅳ）　移動平均法による原価法

　（ⅴ）　最終仕入原価法による原価法

（ⅵ）　売価還元法による原価法

②　低　価　法

（ⅰ）　個別法による原価法に基づく低価法

（ⅱ）　先入先出法による原価法に基づく低価法

（ⅲ）　総平均法による原価法に基づく低価法

（ⅳ）　移動平均法による原価法に基づく低価法

（ⅴ）　最終仕入原価法による原価法に基づく低価法

（ⅵ）　売価還元法による原価法に基づく低価法

〈各評価方法の算定方法と特徴〉

評価方法	算　定　方　法	特　　徴
個別法	期末棚卸資産の価額を個々の実際の取得価額で評価する方法	宝石等の貴金属や土地・建物等の不動産の棚卸資産の把握に適している
先入先出法	期末棚卸資産の価額は期末に最も近い時点で取得した棚卸資産から順次成るものとみて計算して評価する方法	期末棚卸資産の時価に近い評価方法
総平均法	期首棚卸資産の取得価額と期中に取得した棚卸資産の総平均原価を計算した価額を取得価額とする方法	仕入価額の総額と数量のみで計算でき簡単
移動平均法	棚卸資産を取得するごとに平均法により計算した平均単価を取得価額とする方法	仕入ごとに計算を行うため煩雑となる
最終仕入原価法	期末に最も近い時点で取得した単価に期末棚卸数量を乗じて計算した価額を取得価額とする方法	最終仕入単価のみで計算でき簡単
売価還元法	期首棚卸高と期中仕入高の合計額を、期中売上高と期末棚卸資産売価の合計額で除した「原価率」を求め、期末棚卸資産の売価に原価率を乗じて、計算する方法	商品点数が大量で、商品の単価を計算するのが困難な場合に適している

　棚卸資産の評価方法は、事業の種類ごとに、かつ、棚卸資産の種類（商品、製品、半製品、仕掛品など）ごとに選択します（法令29①）。

　棚卸資産の評価方法の届出は、法人設立の日を含む事業年度分の確定申告書の提出期限までに行います（法令29②一）。

　なお、法人が棚卸資産につき評価方法の届出書を提出しなかった場合、又は選択した方法で評価しなかった場合の法定評価方法は、「最終仕入原価法」で算出した取得価額による原価法とされています（法法29①、法令31①）。

　低価法は、原価法で評価した価額と、期末における時価のいずれか低い価額で評価する方法です。

　低価法の適用を受けて、棚卸資産の帳簿価額を切り下げた場合、翌期首においてその帳簿価額を取得価額に洗い替えする処理（洗替え低価法）を行います。

　設立後に新たに他の種類の事業を開始した場合や事業の種類を変更したときは、その開始日又は変更日を含む年度分の確定申告書の提出期限までに『棚卸資産の評価方法の届出書』を提出しなければなりません（法令29②四）。

　例えば、中古車販売を行っていた場合に、自動車用品の小売業などを新たに開始した場合には、その自動車用品の販売を開始した日の属する事業年度の法人税申告書の提出期限までにその自動車用品の棚卸資産の評価方法の届出書を提出します。

　一方、棚卸資産につき既に選択した評価方法を変更する場合には、その変更しようとする事業年度開始の日の前日までに、『棚卸資産の評価方法の変更承認申請書』を提出します（法令30①②）。

　この変更申請書は自動承認制度となっており、その新たな評価方法を採用する事業年度終了の日までに承認又は却下の処分がなければ、その日に承認があったものとみなされます（法令30⑤）。

　変更承認申請に対して承認又は却下の通知がなされるのですが（法令30④）、現によっている評価方法を採用してから3年を経過していないときは、

合併など特別な理由がある場合を除いて申請は却下されます（法令30③、法基通5−2−13）。

　また、3年を経過していたとしても、変更することに合理的な理由がないと認められる場合には変更について却下されることがあります。

　従いまして、棚卸資産を保有する会社は、評価方法をよく検討することが重要です。

棚卸資産の評価方法の届出書

※整理番号

税務署受付印	

令和　年　月　日

納　税　地	〒　　　　　電話（　　）　　－
（フリガナ）法　人　名　等	
法　人　番　号	|　|　|　|　|　|　|　|
（フリガナ）代表者氏名	
代表者住所	〒
事　業　種　目	業

税務署長殿

連結子法人（届出の対象が連結子法人である場合に限り記載）	（フリガナ）法　人　名　等		※税務署処理欄	整理番号	
	本店又は主たる事務所の所在地	〒　　　（　局　署）電話（　）　－		部門	
				決算期	
	（フリガナ）代表者氏名			業種番号	
	代表者住所	〒		整理簿	
	事　業　種　目	業		回付先	□ 親署 ⇒ 子署 □ 子署 ⇒ 調査課

棚卸資産の評価方法を下記のとおり届け出ます。

記

事業の種類（又は事業所別）	資　産　の　区　分	評　価　方　法
	商 品 又 は 製 品	
	半　　製　　品	
	仕 掛 品（半成工事）	
	主 要 原 材 料	
	補 助 原 材 料その他の棚卸資産	

参考事項	1　新設法人等の場合には、設立等年月日　　　　　　　　　　　　令和　年　月　日
	2　新たに他の種類の事業を開始した場合又は事業の種類を変更した場合には、開始又は変更の年月日　　　　　令和　年　月　日
	3　その他

税 理 士 署 名	

※税務署処理欄	部門	決算期	業種番号	番号	整理簿	備考	通信日付印	年月日	確認

（規格A4）

04.03 改正

棚卸資産の評価方法・短期売買商品等の一単位当たりの帳簿価額の算出方法・有価証券の一単位当たりの帳簿価額の算出方法の変更承認申請書		※整理番号	

税務署受付印	納 税 地	〒 電話( ) －	
	（フリガナ）法 人 名 等		
令和　年　月　日	法 人 番 号		
	（フリガナ）代 表 者 氏 名		
税務署長殿	代 表 者 住 所	〒	
	事 業 種 目	業	

連結子法人（申請の対象が連結子法人である場合に限り記載）	（フリガナ）法 人 名 等		※税務署処理欄	整理番号	
	本店又は主たる事務所の所在地	〒 （ 局 署）電話( ) －		部 門	
				決 算 期	
	（フリガナ）代 表 者 氏 名			業種番号	
	代 表 者 住 所	〒		整 理 簿	
	事 業 種 目	業		回付先	□ 親署 ⇒ 子署 □ 子署 ⇒ 調査課

自令和　年　月　日　事業年度から　棚卸資産の評価方法／短期売買商品等の一単位当たりの帳簿価額の算出方法／有価証券の一単位当たりの帳簿価額の算出方法　を下記の
至令和　年　月　日
とおり変更したいので申請します。

記

事 業 の 種 類・有 価 証 券 の 区 分	棚卸資産の区分・短期売買商品等の種類又は銘柄・有価証券の種類	現によっている評 価 方 法 等	左の評価方法等を採用した年月日	採用しようとする新たな評価方法等
			年　月　日	
			年　月　日	
			年　月　日	
			年　月　日	
			年　月　日	
変更しようとする理由				

税 理 士 署 名	

※税務署処理欄	部門	決算期	業種番号	番号	整理簿	備考	通信日付印	年 月 日	確認

04.03 改正

（規格A4）

(8)　減価償却（減価償却資産の償却方法の届出書）

　減価償却とは、使用することによって価値の減少する資産（減価償却資産）について、その取得価額を使用可能期間に費用として配分する計算手続きです。

　減価償却資産の償却方法には、定額法、定率法、級数法、生産高比例法などがあります。

　定額法又は定率法が、一般的な償却方法です。

　定額法の特徴としては、償却費の額が原則として毎年同額となります。

　一方、定率法の特徴としては、償却費の額は初めの年ほど多く、年の経過とともに減少しますが、定率法の償却率により計算した償却額が償却保証額に満たなくなった年分以後は、毎年同額となります。

　従いまして、定額法と定率法を比べた場合、定率法は早期に償却費を多く計上できることになります。

〈定額法と定率法の特徴と計算方法〉

	特　　徴	計　算　方　法
定　額　法	償却費の額が原則として毎年同額となる	取得価額×定額法の償却率
定　率　法	償却費の額は初めの年ほど多く、年の経過とともに減少する	未償却残高×定率法の償却率

（注1）　定率法の計算で償却保証額に満たなくなった年分以後は『改定取得価額×改定償却率』で計算します。

（注2）　償却保証額とは、資産の取得価額に当該資産の耐用年数に応じた保証率を乗じて計算した金額をいいます。

（注3）　改定取得価額とは、調整前償却額が初めて償却保証額に満たないこととなる年の期首未償却残高をいいます。

（注4）　改定償却率とは、改定取得価額に対しその償却費の額がその後同一となるように当該資産の耐用年数に応じた償却率をいいます。

〈定額法と定率法の長所〉

定額法の長所	○計算が簡単 ○毎期の費用配分が均等であるので合理的である ○未償却残高の計算が容易である
定率法の長所	○機械装置などの経済的に価値が減少する資産に適用すると合理的である ○資産は年数の経過とともに修繕費が増えるので、この修繕費と減価償却費の合計額が毎期平均化される ○資産は新しいほど能率がよく収益性が高いため、その時期に多くの償却費を計上することができ、生産性の費用配分の観点から合理的である

　減価償却資産の償却方法の届出は、法人設立の日を含む事業年度分の確定申告書の提出期限までに行います。

　ただし、設立事業年度後に既に償却方法を選定した減価償却資産以外の減価償却資産の取得をしたときは、その資産の取得日を含む年度分の確定申告書の提出期限が届出書の提出期限となります（法令51②四）。

　法人が減価償却資産の償却方法につき届出書を提出しなかった場合の法定償却方法は、「定率法」で償却を行います。

　しかし、建物、建物附属設備、構築物（以下「建物等」という）については、税務上「定額法」での償却方法が強制されます。

　従いまして、税務上は、建物等の償却方法に関して「定率法」の選定はできません。

　なお、ソフトウェアなどの無形固定資産も定額法で計算します。

　減価償却資産につき既に選定している減価償却資産の償却方法を変更しようとする場合には、その変更しようとする事業年度開始の日の前日までに、『減価償却資産の償却方法の変更の承認の申請書』を納税地の所轄税務署長に提出します（法令52②）。

　この変更申請書は自動承認制度となっており、その新たな方法を採用する事業年度終了の日までに承認又は却下の処分がなければ、その日に承認があ

ったものとみなされます（法令52⑤）。

　現に採用している償却方法を採用してから相当期間経過していない場合や変更しようとする償却方法ではその法人の所得計算が適正に行われ難いと認められる場合には、償却方法の変更が認められないことがあります（法令52③）。

〈主な資産の選定できる償却方法〉

資産の区分	→	届出した法人	届出しなかった法人
建物、建物附属設備、構築物（リース資産を除く）	→	定額法（届出を要しない）	
建物等以外の有形減価償却資産	→	定額法 定率法 }のうち届け出た方法	定率法
無形減価償却資産（リース資産を除く）	→	定額法（届出を要しない）	
生物	→	定額法（届出を要しない）	
リース資産	→	リース期間定額法	

〈償却方法の届出書等の提出期限〉

区　分		提出期限		
既に償却方法を選定した減価償却資産と異なる減価償却資産を取得した場合	→	取得した日又は新たに事務所を設けた日の属する事業年度の確定申告書の提出期限		
新たに事業所を設けた法人で、既に選定している償却方法以外の償却方法を選定しようとする場合	→			
償却方法を変更する場合	→	新たな償却方法を採用する事業年度開始の日の前日	→	承認を受けることが必要

税務署受付印	減価償却資産の償却方法の届出書	※整理番号	

（税務署受付印欄）	納　税　地	〒
		電話（　　）　　　－
	（フリガナ）	
令和　年　月　日	法 人 名 等	
	法 人 番 号	|　|　|　|　|　|　|　|　|　|　|　|　|
	（フリガナ）	
	代 表 者 氏 名	
	代 表 者 住 所	〒
税務署長殿	事 業 種 目	業

連結子法人 （届出の対象が連結子法人である場合に限り記載）	（フリガナ）		※税務署処理欄	整理番号	
	法 人 名 等			部　　門	
	本店又は主たる 事務所の所在地	〒　　　（　　局　署） 電話（　　）　　　－		決算期	
	（フリガナ）			業種番号	
	代 表 者 氏 名			整理簿	
	代 表 者 住 所	〒			
	事 業 種 目	業		回付先	□ 親署 ⇒ 子署 □ 子署 ⇒ 調査課

減価償却資産の償却方法を下記のとおり届け出ます。

記

資産、設備の種類	償 却 方 法	資産、設備の種類	償 却 方 法
建 物 附 属 設 備			
構 築 物			
船 舶			
航 空 機			
車 両 及 び 運 搬 具			
工 具			
器 具 及 び 備 品			
機 械 及 び 装 置			
（　　　）設備			
（　　　）設備			

参考事項	1 新設法人等の場合には、設立等年月日 2 その他	令和　年　月　日

税 理 士 署 名	

※税務署処理欄	部門	決算期	業種番号	番号	整理簿	備考	通信日付印	年 月 日	確認

（規格Ａ４）

04.03 改正

減価償却資産の償却方法の 変更承認申請書

※整理番号	

税務署受付印		

	納　税　地	〒
令和　年　月　日		電話（　　）　－
	（フリガナ）	
	法　人　名　等	
	法　人　番　号	
	（フリガナ）	
	代　表　者　氏　名	
	代　表　者　住　所	〒
税務署長殿	事　業　種　目	業

連結子法人（申請の対象が連結子法人である場合に限り記載）	（フリガナ）			※税務署処理欄	整　理　番　号	
	法　人　名　等				部　　　門	
	本店又は主たる事務所の所在地	〒　　　　　　（　局　署） 電話（　　）　－			決　算　期	
	（フリガナ）				業種番号	
	代　表　者　氏　名				整　理　簿	
	代　表　者　住　所	〒				
	事　業　種　目		業		回　付　先	□　親署 ⇒ 子署 □　子署 ⇒ 調査課

自　令和　年　月　日	事業年度から減価償却資産の償却方法を下記のとおり変更したいので申請します。
至　令和　年　月　日	

記

資産、設備の種類	現によっている償却方法	現によっている償却方法を採用した年月日	採用しようとする新たな償却方法
		年　　月　　日	
		年　　月　　日	
		年　　月　　日	
		年　　月　　日	
		年　　月　　日	
		年　　月　　日	

変更しようとする理由	

税　理　士　署　名	

※税務署処理欄	部門	決算期	業種番号	番号	整理簿	備考	通信日付印	年　月　日	確認

04.03 改正

(9)　外貨建資産等の期末換算方法等の届出書

　外貨建資産等の期末換算の方法を選定して届け出る場合や短期外貨建資産等の為替予約差額の一括計上の方法を選定して届け出る場合には、外貨建取引を行った日の属する事業年度の確定申告書の提出期限までに『外貨建資産等の期末換算方法等の届出書』を納税地の所轄税務署長に提出します（法令122の4、122の5）。

　外国通貨の種類ごとに、かつ、外貨建資産等の区分ごとに期末換算の方法を選定します。届出がない場合には、短期外貨預金及び短期外貨建債権債務は「期末時換算法」、長期外貨建債権債務などは「発生時換算法」により換算することになります（法令122の7）。

　外貨建資産等の期末換算の方法につき、現によっている期末換算の方法を変更しようとする場合は、新たな期末換算の方法を採用しようとする事業年開始の日の前日までに、『外貨建資産等の期末換算方法等の変更承認申請書』を納税地の所轄税務署長に提出します（法令122の6②）。

　この変更申請書は自動承認制度となっており、その新たな方法を採用する事業年度終了の日までに承認又は却下の処分がなければ、その日に承認があったものとみなされます（法令122の6⑤）。

外貨建資産等の期末換算方法等の届出書

※整理番号

税務署受付印	

令和　　年　　月　　日

税務署長殿

納　税　地	〒
	電話（　　　）　　　－
（フリガナ）	
法 人 名 等	
法 人 番 号	｜　｜　｜　｜　｜　｜　｜　｜　｜　｜　｜　｜　｜
（フリガナ）	
代 表 者 氏 名	
代 表 者 住 所	〒
事 業 種 目	業

連結子法人（届出の対象が連結子法人である場合に限り記載）	（フリガナ）			※税務署処理欄	整 理 番 号	
	法 人 名 等				部　　　門	
	本店又は主たる事務所の所在地	〒　　　　　　（　局　　署）			決 算 期	
		電話（　　）　　－			業 種 番 号	
	（フリガナ）				整 理 簿	
	代 表 者 氏 名					
	代 表 者 住 所	〒				
	事 業 種 目		業		回 付 先	□ 親署 ⇒ 子署 □ 子署 ⇒ 調査課

法人税法施行令 □第122条の5の規定に基づき、外貨建資産等の期末換算の方法
□第122条の10第2項の規定に基づき、法人税法第61条の10第3項に規定する為替予約差額
の一括計上の方法

を下記のとおり届け出ます。

記

外 国 通 貨 の 種 類・ 外貨建資産等の区分	期 末 換 算 の 方 法	為替予約差額の 一括計上の方法	備　　　　考
	発 生 時 換 算 法 期 末 時 換 算 法		
	発 生 時 換 算 法 期 末 時 換 算 法		
	発 生 時 換 算 法 期 末 時 換 算 法		
	発 生 時 換 算 法 期 末 時 換 算 法		
	発 生 時 換 算 法 期 末 時 換 算 法		

（その他の参考事項）

税 理 士 署 名	

（規格Ａ4）

※税務署 処理欄	部 門	決算 期	業種 番号	番 号	整理 簿	備 考	通信 日付印	年　月　日	確認	

04.03 改正

外貨建資産等の期末換算方法等の変更承認申請書

		※整理番号	

税務署受付印			

	納 税 地	〒 電話( ) －
	（フリガナ）	
令和　年　月　日	法 人 名 等	
	法 人 番 号	
	（フリガナ）	
	代 表 者 氏 名	
税務署長殿	代 表 者 住 所	〒
	事 業 種 目	業

連結子法人（申請の対象が連結子法人である場合に限り記載）	（フリガナ） 法 人 名 等			※税務署処理欄	整理番号	
	本店又は主たる事務所の所在地	〒 電話（ ） －	（ 局 署）		部 門	
					決 算 期	
	（フリガナ） 代 表 者 氏 名				業種番号	
	代 表 者 住 所	〒			整 理 簿	
	事 業 種 目		業	回 付 先	□ 親署 ⇒ 子署 □ 子署 ⇒ 調査課	

自 令和　年　月　日
至 令和　年　月　日 事業年度から外貨建資産等の期末換算方法等を下記のとおり変更したいので申請します。

記

外貨建資産等の区分	外国通貨の種類	現によっている期末換算方法等	左の期末換算方法等を採用した年月日	採用しようとする新たな期末換算方法等	変更しようとする理由
			・　・		
			・　・		
			・　・		
			・　・		
			・　・		

（その他の参考事項）

税 理 士 署 名	

※税務署処理欄	部門	決算期	業種番号	番号	整理簿	備考	通信日付印	年 月 日	確認

04.03 改正

（規格A4）

（10）　事前確定届出給与に関する届出書

　役員報酬が損金となる形態のひとつである事前確定届出給与は、所定の時期に確定額を支給する旨の届出書（『事前確定届出給与に関する届出書』）を納税地の所轄税務署長に提出して、実際にその通りに支給する給与です。この場合に支給される役員報酬は、法人税の計算するときに損金（経費）に算入されます（法法34①二イ）。

　ただし、その届け出た通りの金額を支給しなかった場合には、その支給額は損金不算入となり、法人税を計算する際の経費になりませんので注意が必要です。

　この届出書の提出期限は、

①　株主総会等の決議により役員の職務につき「所定の時期に確定額を支給する旨の定め」をした場合には、株主総会等の決議をした日から1月を経過する日までに提出しなければなりません。ただし、その日が会計期間開始の日から4月を経過する日後である場合には4月を経過する日までに提出します。

②　会社を新しく設立して、役員に「所定の時期に確定額を支給する旨の定め」を行った場合には、会社設立日以後2ヶ月を経過する日までに提出しなければなりません。

③　役員の職制上の地位の変更、職務の内容の重大な変更、やむを得ない事情など臨時改定事由により当該臨時改定事由に係る役員の職務につき「所定の時期に確定額を支給する旨の定め」をした場合には、①の届出期限とその臨時改定事由が生じた日から1月を経過する日のうちいずれか遅い日までに提出しなければなりません。

　また、例えば、同族会社が非常勤役員に対して四半期ごとに支給する給与などについても、この届出が必要となりますのでご注意ください。

　役員の職制上の地位の変更、職務の内容の重大な変更、業績悪化改定事由などにより直前に届け出た事前確定届出給与の内容を変更する場合には、変更に関する株主総会等の決議をした日から1月を経過する日までに『事前確

定届出給与に関する変更届出書』を納税地の所轄税務署長に提出します（法令69⑤）。

〈事前確定届出給与に関する届出書の提出期限〉

事　　由	届　出　期　限
①　株主総会等の決議により役員の職務につき「所定の時期に確定額を支給する旨」を定めた場合	次のうちいずれか早い日 a　その決議をした日（その日が職務執行開始日後である場合には、職務執行開始日）から1月を経過する日 b　事業年度開始の日の属する会計期間開始の日から4月を経過する日
②　新たに設立した法人がその役員のその設立の時に開始する職務につき「所定の時期に確定額を支給する旨」を定めた場合	その設立の日以後2月を経過する日
③　臨時改定事由により新たに事前確定給与の定めをした場合（その役員の臨時改定事由発生直前の職務について事前確定給与の定めがあった場合を除く）	①の届出期限と臨時改定事由が生じた日から1月を経過する日とのいずれか遅い日

事前確定届出給与に関する届出書

※整理番号 _____

税務署受付印	令和　年　月　日 税務署長殿	納　税　地	〒 電話（　　）　－
		（フリガナ）	
		法 人 名 等	
		法 人 番 号	
		（フリガナ）	
		代 表 者 氏 名	
		代 表 者 住 所	〒

連結子法人（届出の対象が連結子法人である場合に限り記載）	（フリガナ） 法 人 名 等		※税務署処理欄	整 理 番 号	
	本店又は主たる事務所の所在地	〒　　（　　局　　署） 電話（　　）　－		部　　門	
	（フリガナ） 代 表 者 氏 名			決 算 期	
				業種番号	
	代 表 者 住 所	〒		整 理 簿	
				回 付 先	□ 親署 ⇒ 子署 □ 子署 ⇒ 調査課

事前確定届出給与について下記のとおり届け出ます。

記

①	事前確定届出給与に係る株主総会等の決議をした日及びその決議をした機関等	（決議をした日）令和　年　月　日 （決議をした機関等）
②	事前確定届出給与に係る職務の執行を開始する日	令和　年　月　日
③	臨時改定事由の概要及びその臨時改定事由が生じた日	（臨時改定事由の概要） （臨時改定事由が生じた日）令和　年　月　日
④	事前確定届出給与等の状況	付表___（No.　　～No.　　）のとおり。
⑤	事前確定届出給与につき定期同額給与による支給としない理由及び事前確定届出給与の支給時期を付表の支給時期とした理由	
⑥	その他参考となるべき事項	

届出期限	イ　次のうちいずれか早い日　令和　年　月　日 　（イ）①又は②に記載した日のうちいずれか早い日から1月を経過する日（令和　年　月　日） 　（ロ）会計期間4月経過日等（令和　年　月　日） ロ　設立の日以後2月を経過する日　令和　年　月　日 ハ　臨時改定事由が生じた日から1月を経過する日　令和　年　月　日	届出期限となる日 □イ　□ロ　□ハ

税 理 士 署 名	

※税務署処理欄	部門	決算期	業種番号	番号	整理簿	備考	通信日付印	年 月 日	確認

04.03 改正

（規格Ａ４）

付表　1　（事前確定届出給与等の状況（金銭交付用））　　　　No.

事前確定届出給与対象者の氏名（役職名）	（　　　　　　　　　　　　　　　　　）
事前確定届出給与に係る職務の執行の開始の日（職務執行期間）	（令和　年　月　令和　年　月　日　～　令和　年　月　日）
当　該　事　業　年　度	令和　年　月　日　～　令和　年　月　日
職務執行期間開始の日の属する会計期間	令和　年　月　日　～　令和　年　月　日

事前確定届出給与に関する事項		区　分	支給時期（年月日）	支給額（円）	事前確定届出給与以外の給与に関する事項	金銭による給与（業績連動給与を除く）	職務執行期間開始の日の属する会計期間	支給時期（年月日）	支給額（円）
	職務執行期間開始の日の属する会計期間	届出額	・　・					・　・	
		支給額	・　・					・　・	
		今回の届出額	・　・					・　・	
		今回の届出額	・　・					・　・	
		今回の届出額	・　・					・　・	
		今回の届出額	・　・					・　・	
	翌会計期間以後	今回の届出額	・　・					・　・	
		今回の届出額	・　・				翌会計期間以後	・　・	
		今回の届出額	・　・					・　・	
		今回の届出額	・　・			業績連動給与又は金銭以外の資産による給与の支給時期及び概要			

04.03改正

事前確定届出給与に関する変更届出書 ※整理番号

税務署受付印		※整理番号

	納　税　地	〒 電話（　　）　　－
	（フリガナ）	
令和　　年　　月　　日	法　人　名　等	
	法　人　番　号	
	（フリガナ）	
	代　表　者　氏　名	
	代　表　者　住　所	〒

連結子法人（届出の対象が連結子法人である場合に限り記載）	（フリガナ）		※税務署処理欄	整理番号	
	法　人　名　等			部　　門	
	本店又は主たる事務所の所在地	〒　　（　　局　　署） 電話（　　）　　－		決算期	
	（フリガナ）			業種番号	
	代　表　者　氏　名			整理簿	
	代　表　者　住　所	〒		回付先	□ 親署 ⇒ 子署 □ 子署 ⇒ 調査課

事前確定届出給与に関する変更について下記のとおり届け出ます。

記

①	臨時改定事由の概要及びその臨時改定事由が生じた日	（臨時改定事由の概要） （臨時改定事由が生じた日）　令和　　年　　月　　日
	業績悪化改定事由により直前届出に係る「定め」の内容の変更に関する株主総会等の決議をした日及びその変更前の直前届出に係る「定め」に基づく給与の支給の日	（決議をした日）　令和　　年　　月　　日 （直前届出に係る給与の支給の日）　令和　　年　　月　　日
②	変更を行った機関等	（機関等）
③	変更後の事前確定届出給与等の状況	付表（No.　　～No.　　）のとおり。
④	変更前後で事前確定届出給与の支給時期が異なる場合のその理由	（理由）
⑤	直前届出に係る届出書の提出をした日	令和　　年　　月　　日
⑥	その他参考となるべき事項	

届出期限	□ 臨時改定事由：「臨時改定事由が生じた日」から1月を経過する日　令和　　年　　月　　日 □ 業績悪化改定事由：「決議をした日」から1月を経過する日と「直前届出に係る給与の支給の日」の前日とのいずれか早い日　令和　　年　　月　　日

税　理　士　署　名	

※税務署処理欄	部門	決算期	業種番号	番号	整理簿	備考	通信日付印	年　月　日	確認

（規格A4）

04.03 改正

付表（変更後の事前確定届出給与等の状況）

	No.	
事前確定届出給与対象者の氏名（役職名）	（　　　　　　　　　　　）	
変更前の直前届出に係る「定め」に基づく給与の支給の日	令和　年　月　日	
直前届出に係る届出書の提出をした日	令和　年　月　日	
当初届出に係る事業年度	令和　年　月　日　～　令和　年　月　日	
当初届出に係る事業年度開始の日の属する会計期間	令和　年　月　日　～　令和　年　月　日	

1　金銭交付

変更後の事前確定届出給与に関する事項		区分	支給時期（年月日）	支給額（円）	変更前の事前確定届出給与に関する事項		区分	支給時期（年月日）	支給額（円）
	職務執行期間開始の日の属する会計期間	今回の届出額	・　・			職務執行期間開始の日の属する会計期間	届出額	・　・	
		今回の届出額	・　・				支給額	・　・	
		今回の届出額	・　・				届出額	・　・	
		今回の届出額	・　・				支給額	・　・	
		今回の届出額	・　・				届出額	・　・	
		今回の届出額	・　・				支給額	・　・	
	翌会計期間以後	今回の届出額	・　・			翌会計期間以後	届出額	・　・	
		今回の届出額	・　・				届出額	・　・	

2　株式等交付

変更後の事前確定届出給与に関する事項		区分	支給時期（年月日）	交付する株式又は新株予約権の銘柄	交付数 金銭債権の額（円）	交付決議時価額（円）
	職務執行期間開始の日の属する会計期間	今回の届出内容	・　・			
		今回の届出内容	・　・			
		今回の届出内容	・　・			
		今回の届出内容	・　・			
	翌会計期間以後	今回の届出内容	・　・			
		今回の届出内容	・　・			
	条件その他の内容					

変更前の事前確定届出給与に関する事項		区分	支給時期（年月日）	交付する株式又は新株予約権の銘柄	交付数 金銭債権の額（円）	交付決議時価額（円）
	職務執行期間開始の日の属する会計期間	届出内容	・　・			
		支給内容	・　・			
		届出内容	・　・			
		支給内容	・　・			
	翌会計期間以後	届出内容	・　・			
		届出内容	・　・			
	条件その他の内容					

04.03改正

ここでは設立に関する社会保険の手続きをみていきます。

社会保険とは、一般的に、

・労働保険（労災保険と雇用保険）

・健康保険

・厚生年金保険

のことをいいます。

Ⅱ　労働保険の手続き

1　制 度 の 概 要

労働保険とは労災保険と雇用保険の総称です。

労災保険とは、労働者が業務上の事由又は通勤によって負傷したり、病気に見舞われたり、亡くなった場合に被災労働者や遺族を保護するために必要な給付を行うための保険です。

一方、雇用保険とは、労働者が失業した場合及び労働者について雇用の継続が困難となる事由が生じた場合、労働者の生活及び雇用の安定を図るとともに、再就職を促進するために必要な給付を行うための保険です。

2　適 用 事 業 所

事業主は、労働者（パートタイマー、アルバイト等を含む）を一人でも雇用していれば、業種・規模を問わず労働保険の適用事業となり、事業者は加入（成立）手続きを行わなければなりません。

ただし、雇用保険の被保険者は、次に該当する労働者です。

①　1週間の所定労働時間が20時間以上であること

②　31日以上の雇用見込みがあること

（※）　日雇の場合には、特別の雇用保険があります。

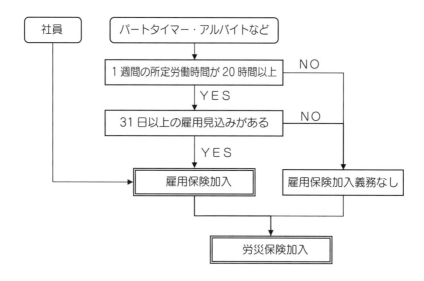

3 保 険 料 率

(1) 労災保険の保険料率

　労災保険は、事業主の営む事業の種類ごとに保険料率が定められており、保険料は全額、事業主負担となります（保険率表は次頁に掲載）。

労 災 保 険 率 表

（単位：1/1,000）　　　　　　　　　　　　　　　　　　　（平成30年4月1日施行）

事業の種類の分類	業種番号	事業の種類	労災保険率
林業	02又は03	林業	60
漁業	11	海面漁業（定置網漁業又は海面魚類養殖業を除く。）	18
	12	定置網漁業又は海面魚類養殖業	38
鉱業	21	金属鉱業、非金属鉱業（石灰石鉱業又はドロマイト鉱業を除く。）又は石炭鉱業	88
	23	石灰石鉱業又はドロマイト鉱業	16
	24	原油又は天然ガス鉱業	2.5
	25	採石業	49
	26	その他の鉱業	26
建設事業	31	水力発電施設、ずい道等新設事業	62
	32	道路新設事業	11
	33	舗装工事業	9
	34	鉄道又は軌道新設事業	9
	35	建築事業（既設建築物設備工事業を除く。）	9.5
	38	既設建築物設備工事業	12
	36	機械装置の組立て又は据付けの事業	6.5
	37	その他の建設事業	15
製造業	41	食料品製造業	6
	42	繊維工業又は繊維製品製造業	4
	44	木材又は木製品製造業	14
	45	パルプ又は紙製造業	6.5
	46	印刷又は製本業	3.5
	47	化学工業	4.5
	48	ガラス又はセメント製造業	6
	66	コンクリート製造業	13
	62	陶磁器製品製造業	18
	49	その他の窯業又は土石製品製造業	26
	50	金属精錬業（非鉄金属精錬業を除く。）	6.5
	51	非鉄金属精錬業	7
	52	金属材料品製造業（鋳物業を除く。）	5.5
	53	鋳物業	16
	54	金属製品製造業又は金属加工業（洋食器、刃物、手工具又は一般金物製造業及びめっき業を除く。）	10
	63	洋食器、刃物、手工具又は一般金物製造業（めっき業を除く。）	6.5
	55	めっき業	7
	56	機械器具製造業（電気機械器具製造業、輸送用機械器具製造業、船舶製造又は修理業及び計量器、光学機械、時計等製造業を除く。）	5
	57	電気機械器具製造業	2.5
	58	輸送用機械器具製造業（船舶製造又は修理業を除く。）	4
	59	船舶製造又は修理業	23
	60	計量器、光学機械、時計等製造業（電気機械器具製造業を除く。）	2.5
	64	貴金属製品、装身具、皮革製品等製造業	3.5
	61	その他の製造業	6.5
運輸業	71	交通運輸事業	4
	72	貨物取扱事業（港湾貨物取扱事業及び港湾荷役業を除く。）	9
	73	港湾貨物取扱事業（港湾荷役業を除く。）	9
	74	港湾荷役業	13
電気、ガス、水道又は熱供給の事業	81	電気、ガス、水道又は熱供給の事業	3
その他の事業	95	農業又は海面漁業以外の漁業	13
	91	清掃、火葬又はと畜の事業	13
	93	ビルメンテナンス業	5.5
	96	倉庫業、警備業、消毒又は害虫駆除の事業又はゴルフ場の事業	6.5
	97	通信業、放送業、新聞業又は出版業	2.5
	98	卸売業・小売業、飲食店又は宿泊業	3
	99	金融業、保険業又は不動産業	2.5
	94	その他の各種事業	3
	90	船舶所有者の事業	47

〈出所：厚生労働省HPより〉

(2)　雇用保険の保険料率

雇用保険は、事業の種類を3つに区分し、それぞれ保険料率が定められています。

そして、保険料は事業主と労働者の双方で負担します。

令和4年度は、年度の途中から保険料が変更となります。

【令和4年度　雇用保険料率表】

保険料率 事業の種類	雇用保険料率　①+②		
		①事業主負担	②労働者負担
一般の事業	9.5/1,000	6.5/1,000	3/1,000
	13.5/1,000	8.5/1,000	5/1,000
農林水産・清酒製造の事業	11.5/1,000	7.5/1,000	4/1,000
	15.5/1,000	9.5/1,000	6/1,000
建設の事業	12.5/1,000	8.5/1,000	4/1,000
	16.5/1,000	10.5/1,000	6/1,000

【上段】令和4年4月1日〜令和4年9月30日
【下段】令和4年10月1日〜令和5年3月31日

4　保険料の申告・納付

労働保険の保険料は、その年度（4月から翌年3月）における申告の際に概算額を申告・納付します。

そして、翌年度の申告の際に、その年度の保険料を確定させると共に、翌年度の保険料の概算額を申告・納付します。

この手続きを「年度更新」といい、毎年6月1日から7月10日までの間に行わなければなりません。

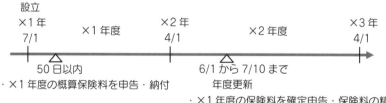

　概算保険料額が40万円以上の場合（※）又は労働保険事務組合に労働保険事務の処理を委託している場合には、原則として、労働保険料を3回に分割して納付することができます。

（※）　労災保険又は雇用保険のどちらか一方の保険関係のみ成立している場合は20万円以上

(1)　成立年度

事業所の区分	期間	納期の回数	納期限
4月1日から5月31日までの間に成立した事業所	成立日〜7月31日	第1期	成立した日の翌日から50日以内
	8月1日〜11月30日	第2期	10月31日
	12月1日〜3月31日	第3期	1月31日
6月1日から9月30日までの間に成立した事業所	成立日〜11月30日	第1期	成立した日の翌日から50日以内
	12月1日〜3月31日	第2期	1月31日
10月1日から3月31日にまでの間に成立した事業所	成立日〜3月31日	分割納付認められない	成立した日の翌日から50日以内

(2)　翌年度以降の納期限

期間	納期の回数	納期限
4月1日〜7月31日	第1期	7月10日
8月1日〜11月30日	第2期	10月31日
12月1日〜3月31日	第3期	1月31日

（＊）　労働保険事務組合に労働保険事務の処理を委託している事業所は、第2期及び第3期の納期限がそれぞれ11月14日及び2月14日となります。

┌─◆コラム：労働保険事務組合とは─────────────────────

　労働保険事務組合とは、事業主の委託を受けて、事業主が行うべき労働保険の事務処理について、厚生労働大臣の認可を受けた中小事業主等の団体で、事業協同組合、商工会議所、商工会などの団体があります。

　事業主のメリットには、次のようなことがあります。

　・申告や届出などの事務の手間が省ける

　・労働保険料の額にかかわらず、労働保険料を3回に分割納付することができる

　・労災保険に加入することができない事業主や家族従事者なども、労災保険に特別加入することができる

└──────────────────────────────────────

5　労働保険の手続き

　まず、労働基準監督署で労災保険の手続きを行い、次に所轄の公共職業安定所で雇用保険の手続きを行います（一元適用事業の場合（注））。

手続先	提出書類	提出期限
労働基準監督署等	1．保険関係成立届	保険関係が成立した日の翌日から10日以内
	2．概算保険料申告書	保険関係が成立した日の翌日から50日以内
公共職業安定所（ハローワーク）	3．雇用保険適用事業所設置届	設置の日の翌日から10日以内
	4．雇用保険被保険者資格取得届	資格取得の事実があった日の翌月10日まで

（※）　1の手続きを行った後又は同時に2の手続きを行います。

　　　　1の手続きを行った後に、3及び4の手続きを行います。

（注）　一元適用事業とは、労災保険と雇用保険の申告・納付等の手続きについて、両保険をまとめて取り扱う事業をいい、農林水産業や建設業等以外の事業が該当します。

　　　　これに対し、二元適用事業は、両保険を別々に取り扱う事業をいい、農林水産業や建設業等が該当します。

　　　　そのため、一元適用事業と二元適用事業の労働保険の手続きは異なります。

〈資料〉

　　添付書類は、管轄地域などにより異なることがあるため、事前に、所轄の労働基準監督署や公共職業安定所に照会する必要があります。

① **保険関係成立届**

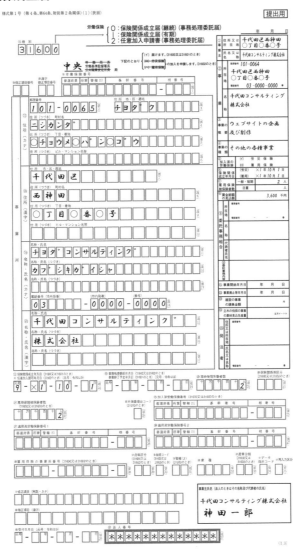

②　概算保険料申告書

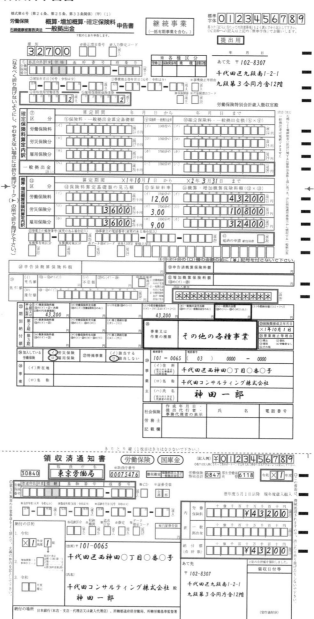

③　雇用保険適用事業所設置届

雇用保険適用事業所設置届

（必ず第2面の注意事項を読んでから記載してください。）

※ 事業所番号 [   ]

帳票種別 [1][2][0][0][1]

1. 法人番号（個人事業の場合は記入不要です。）
[*][*][*][*][*][*][*][*][*][*][*][*][*]

下記のとおり届けます。

公共職業安定所長　殿

令和　　年　　月　　日

2. 事業所の名称（カタカナ）
[チ][ヨ][ダ][　][コ][ン][サ][ル][テ][ィ][ン][グ][　][　][　][　][　][　][　][　][　]

事業所の名称〔続き（カタカナ）〕
[カ][ブ][シ][キ][ガ][イ][シ][ャ][　][　][　][　][　][　][　][　][　][　][　][　][　]

3. 事業所の名称（漢字）
[千][代][田][コ][ン][サ][ル][テ][ィ][ン][グ][　][　][　][　][　][　][　][　][　][　]

事業所の名称〔続き（漢字）〕
[株][式][会][社][　][　][　][　][　][　][　][　][　][　][　][　][　][　][　][　][　]

4. 郵便番号
[1][0][1][-][0][0][6][5]

5. 事業所の所在地（漢字）※市・区・郡及び町村名
[千][代][田][区][西][神][田][　][　][　][　][　][　][　][　][　][　][　][　] —

事業所の所在地（漢字）※丁目・番地
[○][丁][目][○][番][○][号][　][　][　][　][　][　][　][　][　][　][　][　] —

事業所の所在地（漢字）※ビル、マンション名等
[　][　][　][　][　][　][　][　][　][　][　][　][　][　][　][　][　][　][　] —

6. 事業所の電話番号（項目ごとにそれぞれ左詰めで記入してください。）
[0][3][　][　][　]-[0][0][0][0]-[0][0][0][0]
市外局番　　　　　市内局番　　　　　番号

7. 設置年月日
[5]-[X][1][1][0][0][1]　（3 昭和　4 平成　5 令和）
元号　　　年　　月　　日

8. 労働保険番号
[　][　][　][　][　][　][　][　][　][　][　][　][　][　]
府県　所掌　管轄　　基幹番号　　　　枝番号

※公共職業安定所記載欄

9. 設置区分	10. 事業所区分	11. 産業分類	12. 台帳保存区分	
□（1 当然／2 任意）	□（1 個別／2 委託）	□□□□	□（1 日雇被保険者のみの事業所／2 船舶所有者）	—

13. 事業主	（フリガナ） 住所 （法人のときは主たる事務所の所在地）	トウキョウトチヨダクニシカンダ 東京都千代田区西神田○丁目○番○号	17. 常時使用労働者数		2 人
	（フリガナ） 名称	チヨダコンサルティングカブシキガイシャ 千代田コンサルティング株式会社	18. 雇用保険被保険者数	一般	2 人
				日雇	人
	（フリガナ） 氏名 （法人のときは代表者の氏名）	カンダ イチロウ 神田 一郎　　　記名押印又は署名 印	19. 賃金支払関係	賃金締切日	20 日
				賃金支払日	当・翌月 末日
	14. 事業の概要 （漁業の場合は漁獲の種トン数を記入すること）	ウェブサイトの企画及び販売	20. 雇用保険担当課名		課 係
	15. 事業の開始年月日 令和 X1 年 10 月 1 日	※ 事業の 16. 廃止年月日 令和　年　月　日	21. 社会保険加入状況		健康保険 厚生年金保険 労災保険

備考	※	所長	次長	課長	係長	係	操作者

（この届出は、事業所を設置した日の翌日から起算して10日以内に提出してください。）

2019. 5

注　意

1　□□□で表示された枠（以下「記入枠」という。）に記入する文字は、光学式文字読取装置（OCR）で直接読取を行いますので、この用紙を汚したり、必要以上に折り曲げたりしないでください。

2　記載すべき事項のない欄又は記入枠は空欄のままとし、※印のついた欄又は記入枠には記載しないでください。

3　記入枠の部分は、枠からはみ出さないように大きめの文字によって明瞭に記載してください。

4　1欄には、平成27年10月以降、国税庁長官から本社等へ通知された法人番号を記載してください。

5　2欄には、数字は使用せず、カタカナ及び「−」のみで記載してください。
　　カタカナの濁点及び半濁点は、1文字として取り扱い（例：ガ→⑦□、パ→②□）、また、「ヰ」及び「ヱ」は使用せず、それぞれ「イ」及び「エ」を使用してください。

6　3欄及び5欄には、漢字、カタカナ、平仮名及び英数字（英字については大文字体とする。）により明瞭に記載してください。

7　5欄1行目には、都道府県名は記載せず、特別区名、市名又は郡名とそれに続く町村名を左詰めで記載してください。
　　5欄2行目には、丁目及び番地のみを左詰めで記載してください。
　　また、所在地にビル名又はマンション名等が入る場合は5欄3行目に左詰めで記載してください。

8　6欄には、事業所の電話番号を記載してください。この場合、項目ごとにそれぞれ詰めで、市内局番及び番号は「日」に続く5つの枠内にそれぞれ左詰めで記載してください。（例：03-3456-XXXX→ ⑩③□□□□④⑤⑥□□XXX ）

9　7欄には、雇用保険の適用事業所となるに至った年月日を記載してください。この場合、元号をコード番号で記載した上で、年、月又は日が1桁の場合は、それぞれ10の位の部分に「0」を付加して2桁で記載してください。
　　（例：平成14年4月1日→ ④□⑭□④□④□ ）

10　14欄には、製品名及び製造工程又は建設の事業及び林業等の事業内容を具体的に記載してください。

11　18欄の「一般」には、雇用保険被保険者のうち、一般被保険者数、高年齢被保険者数及び短期雇用特例被保険者数の合計数を記載し、「日雇」には、日雇労働被保険者数を記載してください。

12　21欄は、該当事項を○で囲んでください。

13　22欄は、事業所印と事業主印又は代理人印を押印してください。

14　23欄は、最寄りの駅又はバス停から事業所への道順略図を記載してください。

お願い

1　事業所を設置した日の翌日から起算して10日以内に提出してください。

2　営業許可証、登記事項証明書その他記載内容を確認することができる書類を持参してください。

22. 登 録 印	事 業 所 印 影	事業主（代理人）印影	改印欄（事業所・事業主）		改印欄（事業所・事業主）		改印欄（事業所・事業主）	
			改印 年月日	令和 年　月　日	改印 年月日	令和 年　月　日	改印 年月日	令和 年　月　日

23.最寄りの駅又はバス停から事業所への道順

労働保険事務組合記載欄

所在地　＿＿＿＿＿＿＿＿＿＿＿

名　称　＿＿＿＿＿＿＿＿＿＿＿

代表者氏名　　　　　　　　　印

委託開始　　令和　　　年　　月　　日

委託解除　　令和　　　年　　月　　日

社会保険 労　務　士 記　載　欄	作成年月日・提出代行者・事務代理者の表示	氏　　　名	電話番号
		印	

※本手続は電子申請による届出も可能です。詳しくは管轄の公共職業安定所までお問い合わせください。
　なお、本手続について、社会保険労務士が電子申請により本届書の提出に関する手続を事業主に代わって行う場合には、当該社会保険労務士が当該事業主の提出代行者であることを証明することができるものを本届書の提出と併せて送信することをもって、当該事業主の電子署名に代えることができます。

〈添付書類〉

　事業所の実在、設置日及び所在地を確認できる書類及び労働者の雇用の事実が確認できる書類

④　雇用保険被保険者資格取得届

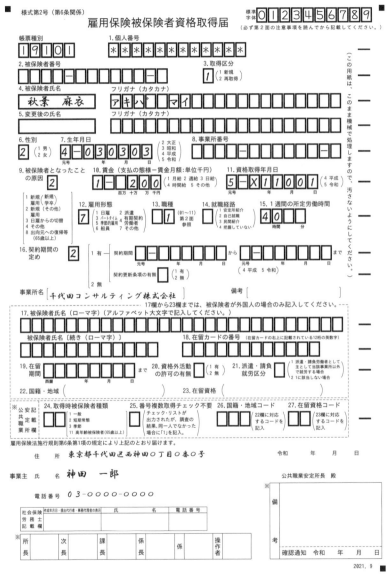

〈添付書類〉

賃金台帳、労働者名簿、出勤簿など記載内容の確認できる書類

Ⅲ　健康保険と厚生年金保険の手続き

1　適用事業所

　次に掲げる事業所は、厚生年金保険及び健康保険の加入が義務付けられています。

・常時従業員（事業主のみの場合を含みます。）を使用する法人の事業所

・常時5人以上の従業員が働いている個人事業所

　したがって、代表取締役社長1人の会社であっても手続きが必要となります。

　ちなみに、5人以上の個人事業所であるサービス業の一部（クリーニング業、飲食店、理美容業など）や農業・漁業については加入義務がありません。

2　被保険者

　被保険者は、原則として、適用事業所に常時使用される者です。

　健康保険と厚生年金保険では、それぞれ被保険者となる年齢上限が異なっており、健康保険では75歳未満の者、厚生年金保険は、原則、70歳未満の者となります。

　「常時使用される」とは、雇用契約の有無に関係なく、その事業所で働き、給与や賃金などの労務の対価を受ける使用関係が常用的であることをいいます。

　ですから、試用期間中でも給与等が支払われる場合は、使用関係があることとなります。

　ただし、パートタイマーなどについては労働日数、労働時間などによって判断を行います。

① 労 働 時 間

1週の所定労働時間が、一般社員の4分の3以上

② 労 働 日 数

1ヶ月の所定労働日数が、一般社員の4分の3以上

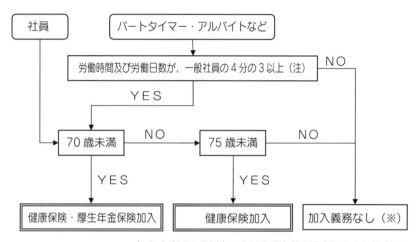

（※）年齢75歳以上の者は後期高齢者医療制度となります。

(注) 一般社員の4分の3未満であっても、以下の①〜⑤の要件を全て満たす短期労働者の方も被保険者となります。

 ① 従業員501人以上の企業に勤務（500人以下であっても労使で社保加入の合意されている会社に勤務）
  ※令和4年10月から100人を超える企業、令和6年10月から50人を超える企業となります。
 ② 週の所定労働時間が20時間以上
 ③ 雇用期間が1年以上又はその見込み
  ※令和4年10月から雇用期間が2ヶ月以上又はその見込みとなります。
 ④ 月額賃金が8万8,000円以上
 ⑤ 学生ではない

3　保 険 料 率

健康保険と厚生年金保険は、事業主と従業者で折半をして負担します。

　健康保険（全国健康保険協会〈協会けんぽ〉）の場合、都道府県単位で保険料率が定められています。

　また、40歳以上の健康保険の加入者は、65歳になるまで健康保険料とあわせて介護保険料の徴収が義務付けられています。

　一方、令和4年3月分以降の厚生年金保険料率は、18.3％です。

　ちなみに、子ども・子育て拠出金は事業主が全額負担することとなっており、令和4年度の率は0.36％となっています。

協会けんぽの健康保険・厚生年金保険の保険料率（東京都の場合）〈出所：全国健康保険協会 HP より〉

令和4年3月分（4月納付分）からの健康保険・厚生年金保険の保険料額表

・健康保険料率：令和4年3月分〜　適用　　・厚生年金保険料率：平成29年9月分〜　適用
・介護保険料率：令和4年3月分〜　適用　　・子ども・子育て拠出金率：令和2年4月分〜　適用

（東京都）　　　　　　　　　　　　　　　　　　　　　　　　　　　　　　　　　　　　　（単位：円）

標準報酬		報酬月額			全国健康保険協会管掌健康保険料				厚生年金保険料（厚生年金基金加入員を除く）	
					介護保険第2号被保険者に該当しない場合		介護保険第2号被保険者に該当する場合		一般、坑内員・船員	
					9.81%		11.45%		18.300%※	
等級	月　額				全　額	折半額	全　額	折半額	全　額	折半額
		円以上		円未満						
1	58,000		～	63,000	5,689.8	2,844.9	6,641.0	3,320.5		
2	68,000	63,000	～	73,000	6,670.8	3,335.4	7,786.0	3,893.0		
3	78,000	73,000	～	83,000	7,651.8	3,825.9	8,931.0	4,465.5		
4(1)	88,000	83,000	～	93,000	8,632.8	4,316.4	10,076.0	5,038.0	16,104.00	8,052.00
5(2)	98,000	93,000	～	101,000	9,613.8	4,806.9	11,221.0	5,610.5	17,934.00	8,967.00
6(3)	104,000	101,000	～	107,000	10,202.4	5,101.2	11,908.0	5,954.0	19,032.00	9,516.00
7(4)	110,000	107,000	～	114,000	10,791.0	5,395.5	12,595.0	6,297.5	20,130.00	10,065.00
8(5)	118,000	114,000	～	122,000	11,575.8	5,787.9	13,511.0	6,755.5	21,594.00	10,797.00
9(6)	126,000	122,000	～	130,000	12,360.6	6,180.3	14,427.0	7,213.5	23,058.00	11,529.00
10(7)	134,000	130,000	～	138,000	13,145.4	6,572.7	15,343.0	7,671.5	24,522.00	12,261.00
11(8)	142,000	138,000	～	146,000	13,930.2	6,965.1	16,259.0	8,129.5	25,986.00	12,993.00
12(9)	150,000	146,000	～	155,000	14,715.0	7,357.5	17,175.0	8,587.5	27,450.00	13,725.00
13(10)	160,000	155,000	～	165,000	15,696.0	7,848.0	18,320.0	9,160.0	29,280.00	14,640.00
14(11)	170,000	165,000	～	175,000	16,677.0	8,338.5	19,465.0	9,732.5	31,110.00	15,555.00
15(12)	180,000	175,000	～	185,000	17,658.0	8,829.0	20,610.0	10,305.0	32,940.00	16,470.00
16(13)	190,000	185,000	～	195,000	18,639.0	9,319.5	21,755.0	10,877.5	34,770.00	17,385.00
17(14)	200,000	195,000	～	210,000	19,620.0	9,810.0	22,900.0	11,450.0	36,600.00	18,300.00
18(15)	220,000	210,000	～	230,000	21,582.0	10,791.0	25,190.0	12,595.0	40,260.00	20,130.00
19(16)	240,000	230,000	～	250,000	23,544.0	11,772.0	27,480.0	13,740.0	43,920.00	21,960.00
20(17)	260,000	250,000	～	270,000	25,506.0	12,753.0	29,770.0	14,885.0	47,580.00	23,790.00
21(18)	280,000	270,000	～	290,000	27,468.0	13,734.0	32,060.0	16,030.0	51,240.00	25,620.00
22(19)	300,000	290,000	～	310,000	29,430.0	14,715.0	34,350.0	17,175.0	54,900.00	27,450.00
23(20)	320,000	310,000	～	330,000	31,392.0	15,696.0	36,640.0	18,320.0	58,560.00	29,280.00
24(21)	340,000	330,000	～	350,000	33,354.0	16,677.0	38,930.0	19,465.0	62,220.00	31,110.00
25(22)	360,000	350,000	～	370,000	35,316.0	17,658.0	41,220.0	20,610.0	65,880.00	32,940.00
26(23)	380,000	370,000	～	395,000	37,278.0	18,639.0	43,510.0	21,755.0	69,540.00	34,770.00
27(24)	410,000	395,000	～	425,000	40,221.0	20,110.5	46,945.0	23,472.5	75,030.00	37,515.00
28(25)	440,000	425,000	～	455,000	43,164.0	21,582.0	50,380.0	25,190.0	80,520.00	40,260.00
29(26)	470,000	455,000	～	485,000	46,107.0	23,053.5	53,815.0	26,907.5	86,010.00	43,005.00
30(27)	500,000	485,000	～	515,000	49,050.0	24,525.0	57,250.0	28,625.0	91,500.00	45,750.00
31(28)	530,000	515,000	～	545,000	51,993.0	25,996.5	60,685.0	30,342.5	96,990.00	48,495.00
32(29)	560,000	545,000	～	575,000	54,936.0	27,468.0	64,120.0	32,060.0	102,480.00	51,240.00

等級	標準報酬月額	報酬月額							
33(30)	590,000	575,000 ~	605,000	57,879.0	28,939.5	67,555.0	33,777.5	107,970.00	53,985.00
34(31)	620,000	605,000 ~	635,000	60,822.0	30,411.0	70,990.0	35,495.0	113,460.00	56,730.00
35(32)	650,000	635,000 ~	665,000	63,765.0	31,882.5	74,425.0	37,212.5	118,950.00	59,475.00
36	680,000	665,000 ~	695,000	66,708.0	33,354.0	77,860.0	38,930.0		
37	710,000	695,000 ~	730,000	69,651.0	34,825.5	81,295.0	40,647.5		
38	750,000	730,000 ~	770,000	73,575.0	36,787.5	85,875.0	42,937.5		
39	790,000	770,000 ~	810,000	77,499.0	38,749.5	90,455.0	45,227.5		
40	830,000	810,000 ~	855,000	81,423.0	40,711.5	95,035.0	47,517.5		
41	880,000	855,000 ~	905,000	86,328.0	43,164.0	100,760.0	50,380.0		
42	930,000	905,000 ~	955,000	91,233.0	45,616.5	106,485.0	53,242.5		
43	980,000	955,000 ~	1,005,000	96,138.0	48,069.0	112,210.0	56,105.0		
44	1,030,000	1,005,000 ~	1,055,000	101,043.0	50,521.5	117,935.0	58,967.5		
45	1,090,000	1,055,000 ~	1,115,000	106,929.0	53,464.5	124,805.0	62,402.5		
46	1,150,000	1,115,000 ~	1,175,000	112,815.0	56,407.5	131,675.0	65,837.5		
47	1,210,000	1,175,000 ~	1,235,000	118,701.0	59,350.5	138,545.0	69,272.5		
48	1,270,000	1,235,000 ~	1,295,000	124,587.0	62,293.5	145,415.0	72,707.5		
49	1,330,000	1,295,000 ~	1,355,000	130,473.0	65,236.5	152,285.0	76,142.5		
50	1,390,000	1,355,000 ~		136,359.0	68,179.5	159,155.0	79,577.5		

※厚生年金基金に加入している方の厚生年金保険料率は、基金ごとに定められている免除保険料率（2.4%～5.0%）を控除した率となります。

加入する基金ごとに異なりますので、免除保険料率および厚生年金基金の掛金については、加入する厚生年金基金にお問い合わせください。

◆介護保険第2号被保険者は、40歳から64歳までの方であり、健康保険料率（9.81%）に介護保険料率（1.64%）が加わります。

◆等級欄の（　）内の数字は、厚生年金保険の標準報酬月額等級です。

　4(1)等級の「報酬月額」欄は、厚生年金保険の場合「93,000円未満」と読み替えてください。

　35(32)等級の「報酬月額」欄は、厚生年金保険の場合「635,000円以上」と読み替えてください。

◆令和4年度における全国健康保険協会の任意継続被保険者について、標準報酬月額の上限は、300,000円です。

○被保険者負担分（表の折半額の欄）に円未満の端数がある場合
　①事業主が、給与から被保険者負担分を控除する場合、被保険者負担分の端数が50銭以下の場合は切り捨て、50銭を超える場合は切り上げて1円となります。
　②被保険者が、被保険者負担分を事業主へ現金で支払う場合、被保険者負担分の端数が50銭未満の場合は切り捨て、50銭以上の場合は切り上げて1円となります。
　(注)①、②にかかわらず、事業主と被保険者間で特約がある場合には、特約に基づき端数処理をすることができます。
○納入告知書の保険料額
　納入告知書の保険料額は、被保険者個々の保険料額を合算した金額になります。ただし、合算した金額に円未満の端数がある場合は、その端数を切り捨てた額となります。
○賞与にかかる保険料額
　賞与に係る保険料額は、賞与額から1,000円未満の端数を切り捨てた額（標準賞与額）に、保険料率を乗じた額となります。
　また、標準賞与額の上限は、健康保険は年間573万円（毎年4月1日から翌年3月31日までの累計額。）となり、厚生年金保険と子ども・子育て拠出金の場合は月間150万円となります。
○子ども・子育て拠出金
　事業主の方は、児童手当の支給に要する費用等の一部として、子ども・子育て拠出金を負担いただくことになります。（被保険者の負担はありません。）
　この子ども・子育て拠出金の額は、被保険者個々の厚生年金保険の標準報酬月額および標準賞与額に、拠出金率（0.36%）を乗じて得た額の総額となります。

4　健康保険（協会けんぽ）・厚生年金保険の手続き

手続先	提出書類	提出期限	添付書類
年金事務所	新規適用届	事実発生から5日以内	・法人の登記簿謄本 ・法人番号指定通知書の写し（＊） ・事業所の所在地が登記上の所在地等と異なる場合には、賃貸借契約書の写しなど
	被保険者資格取得届	事実発生から5日以内	原則、不要
	（家族を被扶養者にするときなど） 健康保険被扶養者（異動）届 国民年金第3号被保険者関係届	事実発生から5日以内	個人番号の記載と確認など一定の場合には、省略可

（＊）「国税庁法人番号公表サイト」（www. houjin-bangou. nta. go. jp）で確認した法人情報（事業所名称、法人番号、所在地が掲載されているもの）の画面を印刷したものを代用することができます。

※令和4年7月1日現在の発表によりますと協会けんぽの申請書や届出書の様式変更が予定されています。令和5年1月以降は新様式での申請書等を使用することになる見込みです。

◆コラム：国民健康保険の資格喪失手続き

　国民健康保険に加入している人が新たに法人の健康保険に加入した場合、国民健康保険の資格喪失手続きが必要となります。

　資格喪失手続きは、資格喪失してから14日以内に、その人の住所地の市区町村役場で行います。

　事前に、手続きに必要なものを確認してから、行うと効率的です。

〈資料〉

①　新　規　適　用　届

健　康　保　険
厚　生　年　金　保　険　　新　規　適　用　届

届書コード
1　0　1

◎裏面の記入方法等を参照のうえ、記入してください。
◎「※」印欄は記入しないでください。

（※ 以下は届書の各記入欄。主な記載内容）

事業所整理記号
事業所番号：1　0　1　1　－　0　0　0　6　5
郵便番号
事業所名称：千代田コンサルティング株式会社　トウキョウトチヨダクコンサルカジシャ
事業主（又は代表者）氏名：カンダ イチロウ　神田　一郎
事業主（又は代表者）の住所：東京都千代田区神田本町○丁目○番○号

事業の種類：ウェブサイトの企画及び制作
事業所の電話番号：0　3　ー　○○○○　ー　○○○○
適用年月日：令和

法人番号
社会保険労務士記載欄

⑨「事業主代理人」有の場合	事業主代理人氏名		⑦事業主住所	

⑧「事業主代理人」有の場合

事業主住所

代理人氏名

⑧（事業所の所在地地図）

⑨給与形態	・月給　・歩合給 ・日給　・時間給 ・日給月給　・年俸制 ・その他（　　）	⑬諸手当の種類	家族手当・住宅手当・役付手当 通勤手当・精勤手当・残業手当 その他（　　　　）

⑩給与計算の締切日　　20　日　　⑩給与支払日　当月・翌月　　本　日

⑪従当項目に人数等を記入してください。（役員を含む）
1　従業員数　2　人　　2　社会保険に加入する従業員数　2　人
3　社会保険に加入しない従業員について

名称	人数	勤務形態
		報酬（有・無）常勤（　人）、非常勤（　人）
役員	人	
嘱託・非常勤	人	1月　日ぐらい、1週　時間ぐらい
パート	人	1月　日ぐらい、1週　時間ぐらい
アルバイト	人	1月　日ぐらい、1週　時間ぐらい

4　事業所の所定労働時間
1日　22　日　　1週　40　時間　　分　　1日　8　時間　　分

令和　　　年　　　月　　　日　提出

⑱備考

【記入方法】
1. ⑨は事業の種類が容易にわかるよう具体的に記入してください。
2. ⑩の所在地は都道府県名を除いて記入し、フリガナを記入してください。
3. ⑪の事業所名称のフリガナは、株式会社を「カ」、合名会社を「メ」及び合資会社を「シ」と略して記入してください。ただし、前記以外の法人については、そのままフリガナで記入してください。
4. ⑫は、代表者証番号と市外局番及び内線番号と加入者番号の間には「ー」を記入してください。
5. ⑭の現物給与には、食事の提供、住宅貸与、被服貸与など現物支給する報酬の一部または通貨以外のもので支給する場合が該当し、該当する文字すべてを○印で囲んでください。
6. ⑮及び⑯は次のように記入してください。（例）昇給月が6月、賞与月が12月の場合
7. ⑰に該当する文字を○印で囲んでください。なお、裏面の⑲に氏名及び住所を記入してください。
8. ⑱②③④は、該当する番号を○印で囲んでください。⑳で「2：個人」を選択した場合は、記入は不要です。
9. ⑳の区分のうち、法人番号と会社法人等番号の双方を有する場合は、原則、「1：法人番号」を選択してください。
10. ㉑は、⑳において選択した区分に応じた番号を記入してください。⑳は、個人」を選択した場合、㉒「2：個人」を選択してください。
11. 裏面の⑲及び㉘については、当号すべてを○印で囲んでください。⑳の ⑳から⑳は、該当する日付、人数及び時間を記入してください。
12. ⑪は⑲番に該当する文字すべてを○印で囲んでください。
13. 事業所周辺の略図を記入してください。

【注意事項】
・この届書に記入された情報は、独立行政法人等の保有する情報の公開に関する法律に基づく開示請求が行われた場合には、開示することとなります。ただし、開示請求に応じて開示することにより、ご承知おきください。
・届書に記入された事業所の情報は、所在地、管轄区分等は、適用の適正化に資するため、「適用事業所一覧表」として年金事務所の窓口に備え置き、閲覧に供されます。
また、日本年金機構ホームページの事業所検索システムなどにより適用事業所として掲載されます。

【添付書類】
・法人事業所の法人（商業）登記簿謄本（コピー不可）を、個人事業所は事業主の世帯全員の住民票（コピー不可）を添付してください。
・登記簿上の所在地と事業所の所在地が異なる事業所の確認できる書類（賃貸借契約書の写し等）を併せて添付してください。
・⑳においては「1：法人番号」を選択した事業所は、法人番号指定通知書等のコピーを添付してください。法人番号が確認できない場合は、法人番号指定通知書本状の住民票、直近の状態を確認するため、提出日から遡って90日以内に発行されたものを添付してください。

②　被保険者資格取得届

様式コード			
2 2 0 0			

健康保険
厚生年金保険　**被保険者資格取得届**
厚生年金保険　70歳以上被用者該当届

令和　　年　　月　　日提出

| 事業所整理記号 | 0 0 - ケイト | 事業所番号 | 1 2 3 4 5 |

提出者記入欄

届書記入の個人番号に誤りがないことを確認しました。

事業所所在地　〒101－0065
千代田区西神田○丁目○番○号

事業所名称　千代田コンサルティング株式会社

事業主氏名　神田　一郎

電話番号　03（0000）0000

社会保険労務士記載欄
氏名等

受付印

被保険者1

① 被保険者整理番号	② 氏名	（フリガナ）カンダ　イチロウ （氏）神田　（名）一郎	③ 生年月日	5.昭和 7.平成 9.令和　6 2 0 1 0 1	④ 種別	1.男 2.女 3.坑内員 5.男(基金) 6.女(基金) 7.坑内員(基金)

取得区分　1.健保・厚年　個人番号/基礎年金番号　＊＊＊＊＊＊＊＊＊＊＊＊

③取得(該当)年月日　9.令和　0 4 1 0 0 1　④被扶養者　0.無　1.有

報酬月額　⑦(通貨)400,000円　⑦(現物)0円　⑦(合計⑦+⑦)400000円

⑩備考　1.70歳以上被用者該当　2.二以上事業所勤務者の取得　3.短時間労働者の取得(特定適用事業所等)　4.退職後の継続再雇用者の取得　5.その他（　）

住所　〒　　理由：1.海外在住 2.短期在留 3.その他（　）

（以下、被保険者2・3・4は空欄）

協会けんぽご加入の事業所様へ
※　70歳以上被用者該当届のみ提出の場合は、「⑩備考」欄の「1.70歳以上被用者該当」および「5.その他」に〇をし、「5.その他」の（　）内に「該当届のみ」とご記入ください(この場合、健康保険被保険者証の発行はありません)。

③　健康保険被扶養者（異動）届

国民年金第3号被保険者関係届

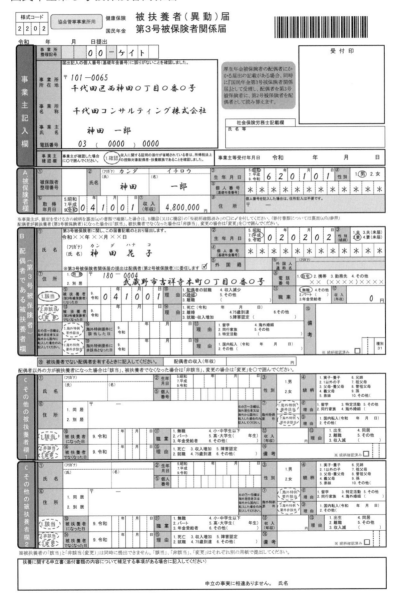

第 3 章

個人事業の廃止と設立初年度の所得計算

I 個人事業廃止の手続き

　法人成りした場合には、個人事業の全部又は一部を法人に引き継ぐことになります。

　個人事業の全部を法人として引き継いだ場合、個人事業の方は終了する手続きをとる必要があり、税務署などに届出書等の提出を行わなければなりません。具体的にどのような書類があるのか見ていきたいと思います。

1 届　出　書

(1) 所　得　税

① 個人事業の廃業届

　個人事業を廃業する場合、個人事業の開業時に提出した『個人事業の開業・廃業等届出書』に廃業の旨を記入して税務署に提出します（所法229）。この届出書は、個人事業を開業する時だけでなく廃業する時にも、使用します。

　個人事業に係る事業を複数営んでおり、法人成りする事業とそのまま個人事業として継続する事業がある場合や不動産所得が生じる場合は、書類の提出は必要ありません。

　すなわち、法人成りに伴い個人事業の全部を法人に引き継ぎ、個人事業としては全部廃業する場合に、『個人事業の開業・廃業等届出書』の提出が必要となります。

　不動産所得が新たに生じるケースとしては、法人成りに伴い、個人で所有していた不動産を法人に賃貸するケースなどが考えられます。

　なお、この書類の提出期限は、事業廃止から1ヶ月以内となっています。

　以下②、③の届出書も同じですが、提出する際には、提出用と控え用と必ず2枚用意し、税務署の受付印のある控えを大切に保管してください。

② 青色申告の取消し

　青色申告を行っていた個人事業は、『所得税の青色申告の取りやめ届出書』

を税務署に提出します。

　この届出書には、納税地、氏名、生年月日、職業を記載して、青色申告の取りやめ年度及び青色申告の承認を受けていた年分を記入の上、取りやめの理由を記載します。この書類も『個人事業の開業・廃業等届出書』と同様、法人成りに伴い個人事業を全部廃業する時にのみ提出します。

　書類の提出期限は、青色申告を取りやめようとする年の翌年3月15日ですが、個人事業の廃業届と一緒に提出した方が手間が省けると思います。

③　給与支払事務所等の廃止

　法人成りした後、個人事業の一部の事業が残ったり、新たに不動産所得が生じるケースで、『個人事業の開業・廃業等届出書』を提出せず、かつ、従業員への給与の支払いがなくなる時は、『給与支払事務所等の開設・移転・廃止届出書』に廃業の旨を記入して税務署に提出します。

　書類の提出期限は、事業廃止から1ヶ月以内です。

　事業を行う事務所等を廃止した場合には、『個人事業の開業・廃業等届出書』を税務署長に提出することになっていますので、その場合にはこの『給与支払事務所等の開設・移転・廃止届出書』を提出する必要はありません（所法230）。

(2)　消　費　税

　個人事業主が課税事業者であった場合には、「事業廃止届出書」を提出します。この届出書は、提出すべき事由が生じた場合に、速やかに提出することとされています。

　事業廃止に伴い、『消費税課税事業者選択不適用届出書（第2号様式）』、『消費税課税期間特例選択不適用届出書（第14号様式）』、『消費税簡易課税制度選択不適用届出書（第25号様式）』、『任意の中間申告書を提出することの取りやめ届出書（第26−(3)号様式）』『消費税申告期限延長不適用届出書（第28−(15)号様式）』のいずれかの届出書に事業廃止の旨を記載して提出した場合には、この届出書は提出する必要はありません（消法57①三）。

| 税務署受付印 | | | 1 | 0 | 4 | 0 |

個人事業の開業・廃業等届出書

	納　税　地	○住所地・○居所地・○事業所等(該当するものを選択してください。) (〒　　-　　)		
_____ 税務署長			(TEL　　-　　-　　)	
_年_月_日提出	上記以外の 住所地・ 事業所等	納税地以外に住所地・事業所等がある場合は記載します。 (〒　　-　　)		
			(TEL　　-　　-　　)	
	フリガナ 氏　　名		生年月日	○大正 ○昭和 ○平成　年　月　日生 ○令和
	個人番号			
	職　　業		フリガナ 屋号	

個人事業の開廃業等について次のとおり届けます。

届出の区分	○開業 (事業の引継ぎを受けた場合は、受けた先の住所・氏名を記載します。) 　　住所 _____　氏名 _____ 　事務所・事業所の (○新設・○増設・○移転・○廃止) ○廃業 (事由) 　(事業の引継ぎ (譲渡) による場合は、引き継いだ (譲渡した) 先の住所・氏名を記載します。) 　　住所 _____　氏名 _____
所得の種類	○不動産所得・○山林所得・○事業 (農業) 所得 〔廃業の場合……○全部・○一部 (　　　　)〕
開業・廃業等日	開業や廃業、事務所・事業所の新増設等のあった日　　　　年　　月　　日
事業所等を 新増設、移転、 廃止した場合	新増設、移転後の所在地　　　　　　　　　　　(電話) 移転・廃止前の所在地
廃業の事由が法 人の設立に伴う ものである場合	設立法人名　　　　　　　　　　　　代表者名 法人納税地　　　　　　　　　　　　設立登記　　　年　　月　　日
開業・廃業に伴 う届出書の提出 の有無	「青色申告承認申請書」又は「青色申告の取りやめ届出書」　　　　○有・○無 消費税に関する「課税事業者選択届出書」又は「事業廃止届出書」　　○有・○無
事業の概要 〔できるだけ具体 的に記載します。〕	

給与等の支払の状況	区　分	従事員数	給与の定め方	税額の有無	その他参考事項
	専従者	人		○有・○無	
	使用人			○有・○無	
	計			○有・○無	
源泉所得税の納期の特例の承認に関する申請書の提出の有無			○有・○無	給与支払を開始する年月日　　年　月　日	

関与税理士: (TEL　　-　　-　　)	税務署整理欄	整　理　番　号	関係部門連絡	A	B	C	番号確認	身元確認
		0						□ 済 □ 未済
		源泉用紙交付	通信日付印の年月日	確認	確認書類 個人番号カード/通知カード・運転免許証 その他 (　　　)			
			年　月　日					

| 税務署受付印 | | | 1 | 1 | 1 | 0 |

所得税の青色申告の取りやめ届出書

<table>
<tr><td rowspan="2">納　税　地</td><td>●住所地・●居所地・●事業所等(該当するものを選択してください。)
(〒　　－　　　)</td></tr>
<tr><td>(TEL　　－　　－　　)</td></tr>
<tr><td>上記以外の
住　所　地・
事　業　所　等</td><td>納税地以外に住所地・事業所等がある場合は記載します。
(〒　　－　　　)

(TEL　　－　　－　　)</td></tr>
</table>

＿＿＿＿＿＿＿＿税務署長

＿＿＿年＿＿＿月＿＿＿日提出

フリガナ		生年月日	●大正 ●昭和 ●平成 ●令和　　年　月　日生
氏　　名			
職　　業		フリガナ 屋　号	

令和＿＿＿年分の所得税から、青色申告書による申告を取りやめることとしたので届けます。

1　青色申告書提出の承認を受けていた年分

　　　＿＿＿年分から　　　＿＿＿年分まで

2　青色申告書を取りやめようとする理由（できるだけ詳しく記載します。）

3　その他参考事項

関与税理士 (TEL　　－　　－　　)	税務署整理欄	整理番号	関係部門連絡	A	B	C	
		0					
		通信日付印の年月日	確認				
		年　月　日					

※整理番号 _____

給与支払事務所等の開設・移転・廃止届出書

税務署受付印

	事務所開設者	住所又は本店所在地	〒 電話（　　　）　　　－
令和　年　月　日		（フリガナ）	
		氏名又は名称	
税務署長殿		個人番号又は法人番号	↓個人番号の記載に当たっては、左端を空欄とし、ここから記載してください。
所得税法第230条の規定により次のとおり届け出ます。		（フリガナ）	
		代表者氏名	

(注)　「住所又は本店所在地」欄については、個人の方については申告所得税の納税地、法人については本店所在地（外国法人の場合には国外の本店所在地）を記載してください。

開設・移転・廃止年月日	令和　　　年　　　月　　　日	給与支払を開始する年月日	令和　　　年　　　月　　　日

○届出の内容及び理由
（該当する事項のチェック欄□に✓印を付してください。）

		「給与支払事務所等について」欄の記載事項
		開設・異動前	異動後
開設	□ 開業又は法人の設立		
	□ 上記以外　※本店所在地等とは別の所在地に支店等を開設した場合	開設した支店等の所在地	
移転	□ 所在地の移転	移転前の所在地	移転後の所在地
	□ 既存の給与支払事務所等への引継ぎ　（理由）□ 法人の合併　□ 法人の分割　□ 支店等の閉鎖　□ その他（　　　　）	引継ぎをする前の給与支払事務所等	引継先の給与支払事務所等
廃止	□ 廃業又は清算結了　□ 休業		
その他（　　　　　　　　　）		異動前の事項	異動後の事項

○給与支払事務所等について

	開設・異動前	異動後
（フリガナ）　氏名又は名称		
住所又は所在地	〒　　　　　　　　電話（　　）　－	〒　　　　　　　　電話（　　）　－
（フリガナ）　責任者氏名		

従事員数	役員　　　人	従業員　　人（　　）人	（　　）人（　　）人	計　　人

（その他参考事項）

税理士署名	

※税務署処理欄	部門	決算期	業種番号	入力	名簿等	用紙交付	通信日付印	年月日	確認
	番号確認　身元確認　□ 済　□ 未済	確認書類　個人番号カード／通知カード・運転免許証　その他（　　　）							

（規格A4）

03.06 改正

第6号様式

事　業　廃　止　届　出　書

令和　年　月　日 届 出 者 ＿＿＿＿税務署長殿	（フリガナ） 納　税　地	
		（〒　－　　）
		（電話番号　　－　　－　　）
	（フリガナ） 氏 名 又 は 名 称 及 び 代 表 者 氏 名	
	個 人 番 号 又 は 法 人 番 号	↓　個人番号の記載に当たっては、左端を空欄とし、ここから記載してください。

下記のとおり、事業を廃止したので、消費税法第57条第1項第3号の規定により届出します。

事 業 廃 止 年 月 日	令和　　年　　月　　日
納 税 義 務 者 と な っ た 年 月 日	平成 令和　　年　　月　　日
参 　考 　事 　項	
税 理 士 署 名	（電話番号　　－　　－　　）

※税務署処理欄	整理番号		部門番号				
	届出年月日	年　月　日	入力処理	年　月　日	台帳整理	年　月　日
	番号確認		身元確認 □済 □未済	確認書類	個人番号カード／通知カード・運転免許証 その他（　　）		

注意　1．裏面の記載要領等に留意の上、記載してください。
　　　2．税務署処理欄は、記載しないでください。

2　申　　告

(1)　所得税の申告

①　廃業する事業所得の申告

　所得税の計算は暦年で行うため、1月1日から事業廃止の期間の事業所得の金額とその他の所得を合算して翌年（通常は3月15日まで）に確定申告を行います。

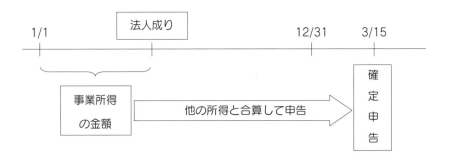

　個人資産を法人に引き継がせる場合、（イ）現物出資の方法で移転する方法、（ロ）法人への売却によって移転する方法、のいずれかで行われ、どちらも資産の譲渡に該当します。

　廃業事業年度の申告については、後述する「設立法人への引継ぎに伴う売上等」（P118）に留意しなければならない事項も多くありますのでご注意ください。

② 青色申告の効力

　個人事業者の青色申告の効力は、承認を受けている業務の全部を廃止した場合に、廃止年の12月31日まで生じており、翌年分から効力が消滅します（所法151②）。

　廃止年度中に個人事業として別の業務を開始している場合には全部廃止に該当しないため青色申告の承認の効力は消滅しません。

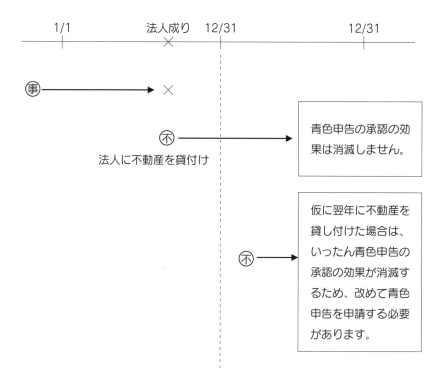

Ⅱ　事業廃止年分の所得計算

　個人が法人成りする場合には、事業廃止に伴う所得計算を行うに当たっていくつかの注意事項があります。

　個人が法人成りをした場合には、法律上、人格が異なりますので、所得の帰属を区分することが必要です。

　では、いつの日をもって区分すればよいのでしょうか。

　会社法上、会社は設立登記によって会社が成立したことになります（会社法49）。

　同様に、税務上も、法人の設立後最初の事業年度開始の日は、法人の設立の日によることとされており、設立の日とは、設立の登記をした日とされています（法基通1-2-1）。

　したがって、設立登記日前までの損益は個人事業に帰属し、設立登記日以後の損益は会社に帰属することとなります。

　実務上、法人名義の預金口座の開設には、設立登記が完了したことを証明する履歴事項全部証明書が必要ですので、ある程度の期間を要します。

　ですから、事業の移行時期では、法人と個人の資金が混同しやすくなることが考えられます。

　日ごろから、きちんと帳簿をつけておくことが大切です。

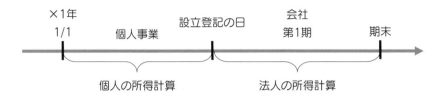

設立に際し、発生する費用 ⟹ 会社の繰延資産
例）・登記費用
　　・新たに事務所を賃借する場合の賃料など

（1）　総収入金額の計算

　総収入金額として計上する収入金額は収入すべき金額によって計算します。

　この場合、金銭以外の物や権利その他経済的利益によって収入する場合には、その物や権利その他経済的利益のその収入する時における価額によって収入金額を計算します。

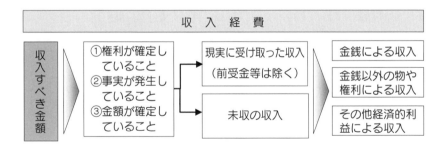

　その年分の各種所得の金額を計算する場合における計上すべき収入金額は、所得税法に別段の定めがあるものを除き、原則として、その年分にその収入すべき権利が確定している金額とされています。

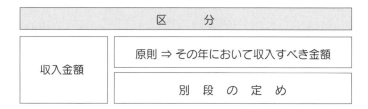

①　設立法人への引継ぎに伴う売上等

　個人事業者が法人成りした場合は、その年の1月1日から事業廃止の日までの所得を確定し、申告しなければなりません。

　商品などを設立した法人に引き継いだ場合は、通常の売上高にその法人に引き継いだ譲渡対価を売上高に加算します。

　棚卸資産を個人事業主から会社に引き継いだ場合には譲渡所得ではなく、事業所得に該当します。

　譲渡価額は仕入価額である帳簿価額とする場合が多いかと思いますが、通常の販売価額の70％に満たない価額で引き継ぐと「著しく低い価額の対価による譲渡」に該当します。そのため、商品などは、『帳簿価額』か『通常の販売価額×70％』のいずれか大きい金額で法人に売却します。

　一括償却資産や少額減価償却資産も譲渡所得ではなく、事業所得に該当します（所法33②、所令81など）。

　個人事業の時に使用していた店舗・敷地・備品等を会社に引き継いだ時は譲渡所得となります。

　時価の2分の1未満での低額譲渡の場合には、時価で譲渡したものとみなされますので注意が必要です。

②　貸倒引当金の戻入

　貸倒引当金の残高がある場合には、その金額を取り崩して戻し入れます（所法52③）。

③　債務免除益の計上

　買掛金やその他の債務を弁済することなく免除を受けた場合には、その債

務免除益額を総収入金額に算入します（所基通36-15(5)）。

　例えば、個人事業主の親族などからの債務を廃業の際に免除してもらえるようなことがあった場合には、その免除された金額等を雑収入（債務免除益）として総収入金額へ算入します。

　買掛金等の債務を帳簿価額で個人事業主から会社に引き継いだ場合は課税関係は生じません。

(2)　必要経費の計算

　必要経費とは、総収入金額に対応する売上原価その他その総収入金額を得るため直接要した費用の額及びその年に生じた販売費、一般管理費その他業務上の費用の額とされています。

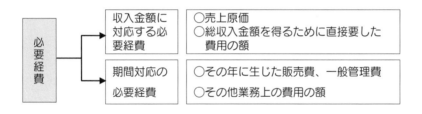

　必要経費は、現実に支払った金額ではなく、その年分において債務の確定した支払うべき金額によって計算します（所基通37-1、37-2）。

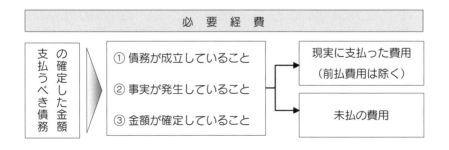

①　売　上　原　価

　法人成りに伴う設立法人に商品が引き継がれているため、期末商品棚卸高はゼロになります。

　売上原価の計算は、「期首商品棚卸高」＋「当期商品仕入高」となります。

②　貸倒引当金の繰入れ

　法人成りに伴う設立法人に売掛金、貸付金等が引き継がれているため新たな貸倒引当金の繰入れはできません（所法52）。

③　貸倒損失の計上

　売掛金その他の債権のうち回収不能額を免除した場合には、その債権の免除額は貸倒損失として必要経費とされます。

　廃業時には回収できると見込んでいた売掛金等が、廃業後に貸倒れとなった場合には、事業廃止年分の申告について更正の請求の手続きにより、その貸倒損失を必要経費に算入します（所法63）。

　売掛金等の債権を帳簿価額で個人事業主から会社に引き継いだ場合には課税関係は生じません。

④　減価償却費の計算

　減価償却費の計算は、1月1日から事業廃止の日までの月数分を計上します。

$$1年分の償却費 \times \frac{1/1 \sim 事業廃止の日までの月数（1月未満切上げ）}{12}$$

　中小企業者の少額減価償却資産の特例である取得価額30万円未満の減価償却資産の全額必要経費算入についても、その年につき限度額300万円については、上記の月数按分をします。

　廃止事業年度中に取得した資産が租税特別措置法の特別償却や税額控除の適用を受けられる場合には、その適用を受けることができますし、上記のような月数按分の考えは必要ありません。

⑤　一括償却資産の必要経費算入

　個人事業から法人成りする際に、一括償却資産のうち必要経費に算入されていない金額がある場合には、一括償却資産の取得価額のうち必要経費に算入していない部分は、全て廃業した年分の事業所得の必要経費に算入します。

　従いまして、この一括償却資産の現物を法人に引き継いだ場合でも、法人側では損金に算入する金額はありません。

⑥　繰延消費税額等の金額の必要経費算入

　少し特殊な話になりますが、個人事業主が必要経費に算入されない繰延消費税額等の金額があった場合も上記⑤と同様となります。

　すなわち、個人事業から法人成りする際に、事業を廃止した日以後の期間に対応する繰延消費税額等の金額は、事業を廃止した日の属する年分の必要経費に算入します。

⑦　退職金の引継ぎ

　個人事業の期間の退職金を従業員に支払わずに設立法人に現金を支払って退職未払金を引き継がせることができます。

　その引き継がれた退職未払金は従業員が法人を退職する際に個人事業からの期間の退職金とあわせて法人が支払うことになります。

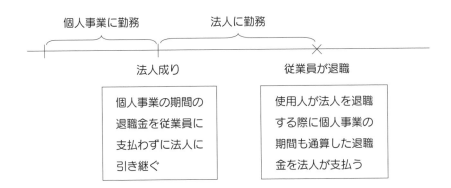

　上記のような区分をしなかった場合の取扱いですが、個人事業を引き継い

で法人を設立した後、法人が個人事業当時から引き続き在職する従業員に対して退職金を支給した場合、その退職が設立後相当期間経過後に行われた場合には、法人が支給した退職金の全額が損金の額に算入されます。

　相当期間経過していない場合には、個人事業主は個人所得税の最終年分の申告について、使用人の個人事業期間の退職金相当額を必要経費に算入して修正申告を行います。

　一方、会社は、法人に勤務していた分の退職金相当額を損金に算入します。

　個人事業主の修正申告できないほど相当期間が経過していた場合には、法人での全額損金算入処理となります（所基通63-1、法基通9-2-39）。

⑧　事業税の見込控除

　事業税は前年の事業所得に課税されるため、年の中途で法人成りした場合、事業廃止後に個人事業税が課税されることになります。

　この個人事業税は、原則として、賦課決定のあった時に事業廃止年分の申告の更正の請求の手続きにより、賦課決定された金額を必要経費に算入します。

　しかし、実務上は、更正の請求ではなく「見込控除」の手続きも認められるため、事務負担の少ない「見込控除」を選択するケースが多いと思います。これは、事業税の課税見込額を個人事業主の確定申告において、事業廃止年分の必要経費に計上します（所基通37-7）。

〈事業税の課税見込額の計算〉

$$\frac{(A \pm B) \times R}{1 + R}$$

A……事業税の課税見込額を控除する前の年分の事業に係る所得の金額
B……事業税の課税標準の計算上 A に加算又は減算する金額
R……事業税の税率

⑨　青色事業専従者給与・事業専従者控除

　青色事業専従者給与や事業専従者控除の支払いをしている場合には、青色事業専従者や事業専従者は廃業年度の事業に従事することができると認められる期間を通じて、その期間の2分の1を超える期間において専ら従事する必要があります（所令165①）。

⑩　青色申告特別控除額

　青色申告特別控除額は月数按分する必要はありませんので、廃止事業年分の確定申告において全額控除ができます。

⑪　純損失の繰戻し還付

　個人事業が青色申告者の場合、その年に生じた純損失の金額を翌年以後3年間に繰り越して控除することができるほか、その純損失の金額の全部又は一部を控除したところで税額計算をし直して、その差額を還付請求することができます（所法140、141、所令271～273）。

　前者を『純損失の繰越控除』、後者を『純損失の繰戻し還付』といいます。

　『純損失の繰戻し還付』は、赤字を将来の利益と相殺するのではなく、赤字をその前の黒字と相殺して、黒字の時に払いすぎた税金を還付してもらえる制度なのです。

　事業を廃止する場合には、前年に生じていた純損失をその年以後3年間繰越控除することができなくなります。

　その場合には、前年分の純損失を前々年分に繰り戻して還付請求することができます。

　還付請求できる金額は、以下の計算した金額になります。

| 前年分の所得税の額 | － | 前年分の課税所得金額から純損失の金額を控除した金額で計算した所得税額 |

　※　廃業の場合は、『前年分』を『前々年分』と読み替えて計算できます。

【具体例】

　前年の所得金額が400万円で所得税額が276,500円だった場合に、当期の純損失が200万円の赤字の場合に還付請求できる金額は次の通りです。

還付請求額：276,500円－76,000円（注）＝200,500円
（注）〔(400万円－200万円) － 48万円〕×5％＝76,000円
　　　※　所得控除は基礎控除のみと仮定しています

⑫　法人の設立費用

　法人成りの際に会社設立のために要した費用は必要経費に算入できません。

　新会社の繰延資産として処理をすることになります（P125 Ⅲの会社の初年度特有の所得計算の「1　繰延資産」をご参照ください）。

Ⅲ　会社の初年度特有の所得計算

　法人成りして会社を設立した場合に、会社の設立初年度に特有の所得計算について見ていきたいと思います。

1　繰　延　資　産

　会社が支出する費用のうちに支出の効果がその支出の日以後 1 年以上に及ぶものを繰延資産として、その効果の及ぶ期間を基礎として償却することとしています。

　資産の取得に要した金額とされるものや前払費用は繰延資産から除かれます。

　法人税で定める繰延資産には以下のものがあります。

区　　分	内　　容
①　創立費 （法令14①一）	創立時の設立費用、発起人報酬などでその法人の負担に帰すべきもの
②　開業費 （法令14①二）	設立後実際に開業するまでに間に、その開業準備のために特別に支出する費用
③　開発費 （法令14①三）	新たな技術、新たな経営組織の採用、資源開発又は市場開拓のために特別に支出する費用
④　株式交付費 （法令14①四）	株券等の印刷費、資本金の増加の登記についての登録免許税、その他自己の株式の交付のために支出する費用
⑤　社債等発行費 （法令14①五）	社債券等の印刷費、その他債券の発行のための費用
⑥　自己が便益を受ける公共的施設又は共同的施設の設備又は改良のための費用 （法令14①六イ）	○自己の都合で公道を舗装した場合のその費用の額 ○その所属する協会等会館建設のための負担金など

⑦　資産を賃借し又は使用するための費用 （法令14①六ロ）	○建物を賃借するために支出する権利金、更新料、立退料その他の費用 ○電子計算機その他の機器の賃借に伴って支出する引取運賃、関税、据付費など
⑧　役務の提供を受けるための費用 （法令14①六ハ）	ノーハウ設定の頭金など
⑨　広告宣伝用資産の贈与のための費用 （法令14①六ニ）	看板、ネオンサイン、どん帳等の贈与費用など
⑩　その他自己が便益を受けるための費用 （法令14①六ホ）	○職業運動選手との専属契約のための契約金 ○同業者団体での加入金など

　法人成りした場合には、『創立費』と『開業費』は必ずと言っていいほど発生しますので、詳しく見てみたいと思います。

（1）創　立　費

　創立費とは、会社設立のために支出する費用で、その法人が負担すべきものをいい、次のようなものが該当します。

① 定款認証手数料
② 設立登記に係る登録免許税
③ 設立登記に係る司法書士手数料
④ 発起人に支払う報酬
⑤ 創立総会に関する費用
⑥ その他設立に必要な費用で会社が負担すべき費用

（2）開　業　費

　開業費とは、会社設立後、実際に事業を開始するまでの間に特別に支出する費用をいい、次のようなものが該当します。

① 　広告宣伝費

② 　市場調査費

③ 　開業準備のために支出した接待交際費

④ 　開業するために必要な許認可取得費用

⑤ 　その他開業準備のために特別に支出する費用

　開業前の事務所家賃、水道光熱費、従業員等の給料、借入金利子等の経常的に発生する費用は、開業費ではなく、通常の経費として処理します。

(3)　償　却　方　法

　『創立費』や『開業費』は会社の設立事業年度に全額損金（費用）として処理することができます。

　また、繰延資産として資産計上し、毎期の状況により償却費を任意に計上することも可能です（任意償却）。

　上記繰延資産の表の①～⑤については、全額損金若しくは任意償却を選択できます。

　上記繰延資産の表の⑥～⑩については、月数按分での償却を行います。

繰延資産の区分	償却限度額の計算
上記繰延資産の表の①～⑤の繰延資産	繰延資産の額－既往年度の償却費
上記繰延資産の表の⑥～⑩の繰延資産	繰延資産の額 × $\dfrac{その事業年度の月数}{償却期間の月数}$

2　減価償却資産

(1)　設立初年度の減価償却資産

①　個人から引き継いだ減価償却資産

　法人成りをして会社を設立した場合、設立初年度の会計期間が１年に満たないことはよくあります。

　その場合、償却費の計算でも償却率は1年間使用していることを前提としているため、会計期間が1年未満の場合には、減価償却資産を取得し、事業供用した月数分しか償却できないはずです。

　よくある間違いのケースとして、下記のような計算を行うケースが多いと思います。

〔間違っている計算式〕

$$\text{定額法又は定率法の1年分の償却限度額} \times \frac{\text{その事業年度の月数}}{12}$$

　しかし、正しくは、償却限度額を期間按分するのではなく、償却率を事業年度の期間に応じて低下させて計算します。

　具体的な計算は次の通りです。

〔正しい計算式〕

$$\text{定額法又は定率法の償却率} \times \frac{\text{その事業年度の月数}}{12} \quad \cdots Ⓐ$$

（注1）　計算結果の小数点3位未満は切り上げます（耐通5－1－1(1)）。
（注2）　分子の月数は、1月未満の端数は切り上げます。

　個人事業主から会社に引き継いだ減価償却資産の設立初年度の償却費については基本的には上記のように計算します。

②　設立初年度の期中に新たに取得した減価償却資産

　法人成りをした設立初年度の期中において、新たに減価償却資産を取得した場合には、期中に新しく取得し、事業供用した月以後の月数分の調整を行います。

$$\text{上記の算式Ⓐによる限度額} \times \frac{\text{供用日から期末までの月数}}{\text{事業年度の月数}}$$

（注1）　分子の月数は、1月未満の端数は切り上げます。

（注２）　取得日と事業供用日
　　　　取得日と事業供用日は同時とは限りませんから注意が必要です。

(2)　償却方法の変更

　個人事業主の所得税の計算では、減価償却資産の法定償却方法は定額法です。

　一方、法人税では建物、建物附属設備、構築物と無形固定資産を除く減価償却資産の法定償却方法は定率法です。

　法人成りして会社設立をした場合に、例えば什器備品を引き継いで、備品の償却方法について定額法で行うという届出書を提出しなかった場合には、新しい会社では定率法で減価償却を行うことになります。

　その場合には、以下のように償却限度額を計算します。

　ただし、事業年度が１年未満の場合には、下記定率法の償却率は上記（１）のように調整を行った償却率を使用します。

〈定額法から定率法に変更した場合〉（法基通７－４－３）

期首帳簿価額　×　定率法の償却率　＝　償却限度額

(3)　中古資産の耐用年数

　個人事業主から新設法人が取得する減価償却資産は、いわゆる中古資産に該当します。

　中古資産を取得し事業供用した場合、法定耐用年数によることもできますが、取得までの経過年数が判明していれば、耐用年数を再計算することも可能です。

①　法定耐用年数の全部を経過したもの

法定耐用年数　×　20％

②　法定耐用年数の一部を経過したもの

> （法定耐用年数－経過年数）＋　経過年数　×　20％

（注）　年数の計算

　　　　上記①又は②により計算した年数の1年未満の端数は切り捨て、その年数が2年未満のときは2年とします。

【具体例】

> 　　　　　　　法定耐用年数　10年　経過年数　4年
> ⇨　（10年－4年）＋4年×20％＝6.8年　→6年

　この規定は、本体の取得価額の50％を超える大改造（資本的支出といいます）をしてから事業供用したような場合には適用できません。

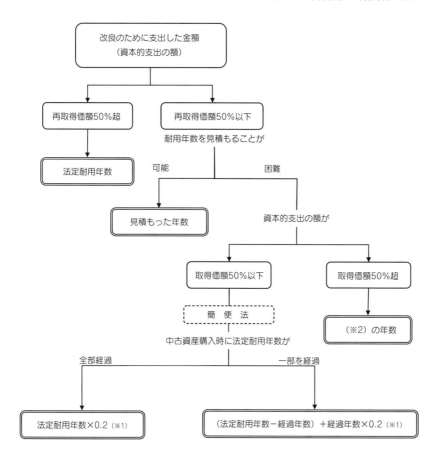

「再取得価額」　　　… その資産を新品として取得する場合の価額

「法定耐用年数」　　… 減価償却資産の耐用年数等に関する省令で定める年数

「耐用年数の見積もり」… その資産を事業の用に供した時以後の使用可能期間

（※1）1年未満の端数は切り捨て、その年数が2年未満のときは2年とします。

（※2）次の算式によって計算した年数をもって耐用年数とすることができます。

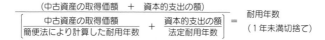

$$\cfrac{(\text{中古資産の取得価額}\ +\ \text{資本的支出の額})}{\left[\cfrac{\text{中古資産の取得価額}}{\text{簡便法により計算した耐用年数}}\ +\ \cfrac{\text{資本的支出の額}}{\text{法定耐用年数}}\right]} = \begin{array}{l}\text{耐用年数}\\ (\text{1年未満切捨て})\end{array}$$

3　月数按分が必要な規定

　上記2(1)②で法人成りをして会社を設立した場合に、設立初年度の会計期間が1年未満の時に期中で取得した資産の月数按分の考え方を紹介しました。

　設立事業年度が1年未満の場合には、他にも月数按分しなければならないものがあります。

(1)　中小法人の軽減税率

　普通法人のうち中小法人等の法人については、税負担が優遇され、所得金額が年800万円までの部分に対する税率が15％に軽減されています。

　この『年800万円までの部分』というのは、会計期間が1年未満の場合には以下のように月数按分することになっています。

$$800万円 \times \frac{事業年度の月数}{12}$$

（注1）　分子の月数は、1月未満の端数は切り上げます。

　設立初年度の所得のうち、上記で計算した金額を超える部分に対する税率は、23.2％で計算します。

　なお、中小法人等の軽減税率の特例（所得の金額のうち年800万円以下の部分に対する税率）は本来19％ですが、令和5年3月31日までの間に開始する事業年度については、15％とされています。

◆コラム：中小法人とは

　中小法人とは、期末資本金の額が1億円以下であり、かつ、資本金5億円以上の法人等（大法人といいます。）による完全支配関係がある法人以外の法人等をいいます。

個　人	法人P	資本金＜5億円	法人P	資本金≧5億円
100%		100%		100%
法人a　資本金≦1億円	法人a	資本金≦1億円	法人a	資本金≦1億円
法人aは中小法人に該当	法人aは中小法人に該当		法人aは中小法人に非該当	

（注）　完全支配関係

　100%の持株関係（5％未満であれば、従業員持株会等の所有も認められます。）をいいます。したがって、資本金1億円以下の法人は、資本金5億円以上の法人の100%子会社でなければ、中小法人に該当します。

(2)　中小法人の交際費等の損金算入限度額

　中小法人では接待飲食費の50％相当額の損金算入と、定額控除限度額（800万円）までの損金算入のどちらかを選択適用できますが、定額控除額については、会計期間が1年未満の場合には以下の様に月数按分することになっています。

$$800万円 \times \frac{事業年度の月数}{12}$$

（注1）　分子の月数は、1月未満の端数は切り上げます。

(3)　中小企業者等の少額減価償却資産の取得価額の損金算入の特例

　中小企業者等が事業の用に供する減価償却資産で30万円未満のものを取得した場合に、その取得価額に相当する金額を損金経理した金額については、損金に算入することができます（措法67の5）。

　ただし、リース業やレンタル事業者を除き、貸し付け用に取得したものは

適用対象資産から除かれます。この場合、主要な事業として行われる貸付けの場合の取得資産は、適用対象資産に含まれます。

　この特例の適用を受ける場合において、年間300万円に達する金額までが限度額となっており、会計期間が1年未満の場合には限度額は以下のように月数按分します。

　中小企業者等とは、資本金の額が1億円以下の法人等をいいます（同一の資本金の額が1億円を超える大規模法人に発行済株式の総数の2分の1以上を所有されている法人等を除きます）。

$$300万円 \times \frac{事業年度の月数}{12}$$

（注1）　分子の月数は、1月未満の端数は切り上げます。

(4)　寄附金の損金算入限度額

　法人が支出した寄附金のうち、国等に対する寄附金及び指定寄附金については、全額損金の額に算入されますが、一般の寄附金及び特定公益増進法人に対する寄附金のうち損金算入限度額を超える部分については、損金不算入とされています。

　ここでは、一般寄附金の損金算入限度額と特定公益増進法人等の特別損金算入限度額についても月数按分を行う部分について、簡単に見ておきましょう。

　一般の寄附金及び特定公益増進法人等に対する寄附金の限度計算は以下の通りです。

〈一般の寄附金の損金算入限度額〉

①　期末の資本金及び資本準備金の合計額^(*) $\times \dfrac{当期の月数}{12} \times \dfrac{2.5}{1,000}$

②　$\dfrac{当期の所得金額}{(別表4仮計＋支出寄附金)} \times \dfrac{2.5}{100}$

③　$(①＋②) \times \dfrac{1}{4}$

（＊）　令和4年4月1日以後に開始する事業年度より適用となります。
　　　令和4年3月31日以前に開始する事業年度は『期末の資本金等の額』です。

上記算式の①の『当期の月数』は、会計期間が1年未満の場合にはその事業年度の月数とします。

当期の月数に1月未満の端数がある場合には1月未満を切り上げます。

〈特定公益増進法人等の寄附金の特別損金算入限度額〉

①　期末の資本金及び資本準備金の合計額^(*) $\times \dfrac{当期の月数}{12} \times \dfrac{3.75}{1,000}$

②　$\dfrac{当期の所得金額}{(別表4仮計＋支出寄附金)} \times \dfrac{6.25}{100}$

③　$(①＋②) \times \dfrac{1}{2}$

（＊）　令和4年4月1日以後に開始する事業年度より適用となります。
　　　令和4年3月31日以前に開始する事業年度は『期末の資本金等の額』です。

上記算式の①の『当期の月数』は会計期間が1年未満の場合にはその事業年度の月数とします。

当期の月数に1月未満の端数がある場合には1月未満を切り上げます。

第 4 章

消費税の納税義務

Ⅰ　納税義務の判定を概観してみよう

　消費税の納税義務の判定は、近年の税制改正により、とても複雑なものとなっています。

　特に、新たに会社を設立する場合には、資本金の額をいくらにするのか、また、初年度の月数を何ヶ月にするのかなどにより、設立初年度（第1期）及び第2期の納税義務の判定方法に影響を与えます。

　一方、会社の事業内容や設備投資計画などにより、課税事業者を選択する方が有利になる場合もあります。

　さらに、令和5年10月1日から適格請求書等保存方式が導入されることにより、適格請求書発行事業者に登録するか否かの判断も必要となってきます。

　まずは、第1期、第2期及び第3期の納税義務の判定フローチャートを概観してみましょう。

1　第1期の納税義務の判定

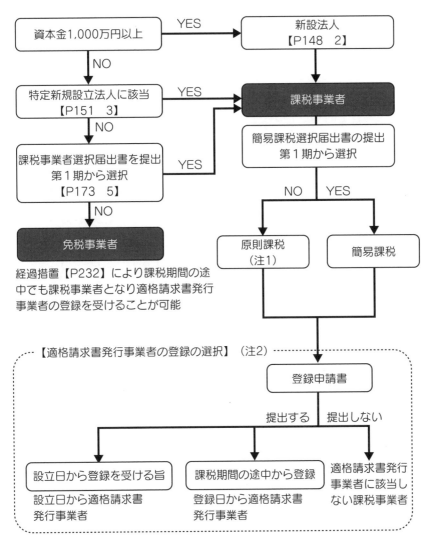

経過措置【P232】により課税期間の途中でも課税事業者となり適格請求書発行事業者の登録を受けることが可能

【適格請求書発行事業者の登録の選択】（注2）

(注1)　調整対象固定資産又は高額特定資産の仕入れ等を行った場合には、注意が必要です。【P182　6、P189　7、P206　5、P211　6】
(注2)　適格請求書等保存方式は、令和5年10月1日から制度開始となります。【P218】
(＊)　合併、分割等があった場合の特例（消法11、12）は考慮していません。

2　第2期の納税義務の判定

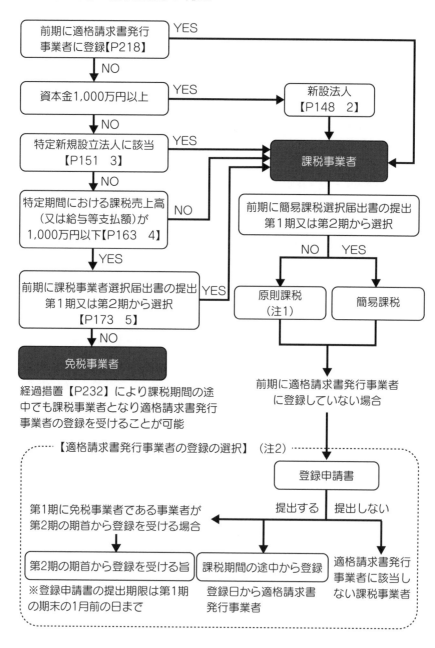

前期に適格請求書発行事業者に登録【P218】 — NO / YES

資本金1,000万円以上 — NO / YES

特定新規設立法人に該当【P151　3】 — NO / YES

特定期間における課税売上高（又は給与等支払額）が1,000万円以下【P163　4】 — NO / YES

前期に課税事業者選択届出書の提出　第1期又は第2期から選択【P173　5】 — YES / NO

新設法人【P148　2】

課税事業者

前期に簡易課税選択届出書の提出　第1期又は第2期から選択 — NO / YES

原則課税（注1）

簡易課税

免税事業者

経過措置【P232】により課税期間の途中でも課税事業者となり適格請求書発行事業者の登録を受けることが可能

前期に適格請求書発行事業者に登録していない場合

【適格請求書発行事業者の登録の選択】（注2）

登録申請書 — 提出する / 提出しない

第1期に免税事業者である事業者が第2期の期首から登録を受ける場合

第2期の期首から登録を受ける旨

※登録申請書の提出期限は第1期の期末の1月前の日まで

課税期間の途中から登録

登録日から適格請求書発行事業者

適格請求書発行事業者に該当しない課税事業者

（注１）　調整対象固定資産又は高額特定資産の仕入れ等を行った場合には、注意
　　　　　が必要です。【P 182　6、P 189　7、P 206　5、P 211　6】
（注２）　適格請求書等保存方式は、令和５年10月１日から制度開始となります。
　　　　　【P 218】
（＊）　合併、分割等があった場合の特例（消法11、12）は考慮していません。

3　第 3 期の納税義務の判定

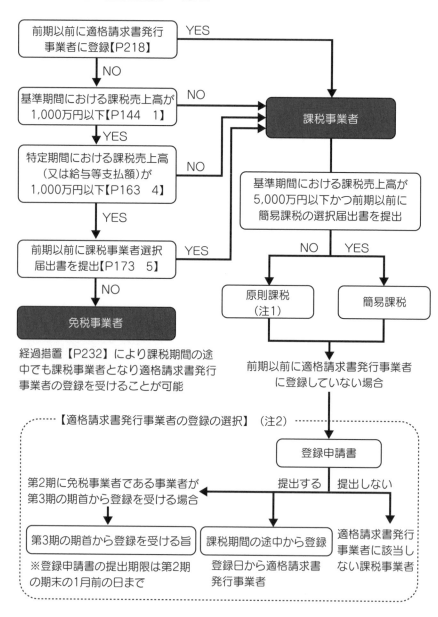

（注１）　高額特定資産の仕入れ等を行った場合には、注意が必要です。【Ｐ189
　　　　7、Ｐ211　6】

（注２）　適格請求書等保存方式は、令和５年10月１日から制度開始となります。
　　　　【Ｐ218】

（＊１）　第１期及び第２期において、調整対象固定資産又は高額特定資産の仕入
　　　　れ等を行ったことにより、課税事業者が強制され、また、簡易課税の選択
　　　　が制限される場合は考慮していません。

（＊２）　合併、分割等があった場合の特例（消法11、12）は考慮していません。

Ⅱ　国内取引における納税義務の判定の原則

1　基準期間における課税売上高

　第1期及び第2期では、この納税義務の判定は用いません。いずれの事業年度も特例により納税義務の判定を行います。

　しかしながら、いきなり特例をみていくよりも、まず、原則をしっかりと理解しましょう。

(1)　内　　容

　消費税法では、事業者の事務負担や税務執行面に配慮して、一定規模以下の小規模事業者について、原則として、納税義務を免除することとしています（新消法9①）。

　具体的には、事業者のその事業年度の基準期間における課税売上高が1,000万円以下の場合には、消費税の納税義務が免除されます。

　ただし、令和5年10月1日から導入される適格請求書等保存方式における適格請求書発行事業者である場合には、基準期間における課税売上高の金額の多寡にかかわらず、その事業年度において消費税の納税義務は免除されません。

(2)　基準期間とは

　基準期間とは、下記の事業者の区分に応じ、それぞれ次の期間となります（消法2①十四）。

　・法人　→　その事業年度の前々事業年度

　・個人事業者　→　その年の前々年

　法人の基準期間を求める場合、前々事業年度が1年未満のときには、次の期間が基準期間となります。

・その事業年度開始の日の2年前の日の前日から同日以後1年を経過する

　日までの間に開始した各事業年度を合わせた期間

そのため、必ずしも12ヶ月とはなりません。

この場合には、課税売上高を12ヶ月に換算する必要があります（消法9②
二）。

会社の第1期及び第2期では、前々事業年度がありませんので、基準期間
が存在しません。

したがって、原則として、消費税の納税義務がないこととなります。

(3)　課税売上高とは

国内において行った課税資産の譲渡等の対価の額の合計額から売上げに係
る対価の返還等の金額の合計額を控除した残額をいいます（消法9②）。

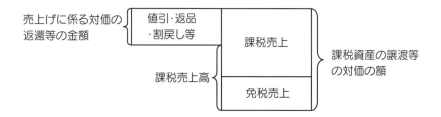

基準期間において課税事業者（消費税の納税義務のある事業者）であった
場合には、その基準期間における課税売上高は、税抜きの対価の額となりま
す。

これに対し、基準期間において免税事業者（消費税の納税義務が免除され
る事業者）であった場合には、その基準期間である事業年度において消費税
が課されていません。

ですから、基準期間における課税売上高の算定に当たり、対価の全額、い
わゆる税込みが基礎となりますので注意が必要です（消基通1-4-5）。

【例】基準期間において課税事業者であった場合と免税事業者であった場合の基準
**　　期間における課税売上高の比較**

3月決算法人を×1年7月1日に設立した場合

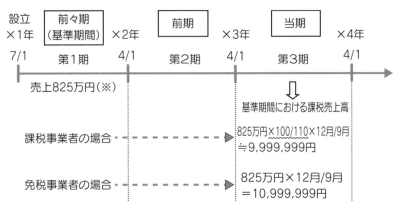

（※）消費税等の税率は10％によります。

（4）　消費税課税事業者届出書（基準期間用）

　免税事業者が、基準期間における課税売上高が1,000万円を超えたことにより課税事業者となる場合には、速やかに、所轄税務署長に、「消費税課税事業者届出書（基準期間用）」を提出しなければなりません（消法57①一、消規26①一）。

◆**コラム：消費税の税率の変遷**

　消費税は、平成元年4月1日より導入され、現在に至っています。
　導入当初の税率は、国税のみの税率3％でしたが、平成9年4月1日より、地方税である地方消費税を含めた税率は5％に引き上げられました。そして、平成26年4月1日より、17年ぶりに税率が8％に引き上げられ、さらに令和元年10月1日より標準税率が10％となり、軽減税率制度が導入されました。

施行日	平成元年 4月1日〜	平成9年 4月1日〜	平成26年 4月1日〜	令和元年 10月1日〜
消費税率	3％	4％	6.3％	7.8％（6.24％）
地方消費税率	－	1％	1.7％	2.2％（1.76％）
合計	3％	5％	8％	10％（8％）

（　）内は軽減税率制度における税率

第3－(1)号様式

基準期間用

消費税課税事業者届出書

収受印		(フリガナ)	
令和　　年　　月　　日		納税地	(〒　　－　　　)　　　　　　　　　　　　　　　　　　　(電話番号　　　　－　　　－　　　)
	届	(フリガナ)	
		住所又は居所 （法人の場合） 本店又は 主たる事務所 の所在地	(〒　　－　　　)　　　　　　　　　　　　　　　　　　　(電話番号　　　　－　　　－　　　)
	出	(フリガナ)	
		名称（屋号）	
		個人番号 又は 法人番号	↓　個人番号の記載に当たっては、左端を空欄とし、ここから記載してください。
	者	(フリガナ)	
		氏名 （法人の場合） 代表者氏名	
＿＿＿＿＿税務署長殿		(フリガナ)	
		（法人の場合） 代表者住所	(電話番号　　　　－　　　－　　　)

　下記のとおり、基準期間における課税売上高が1,000万円を超えることとなったので、消費税法第57条第1項第1号の規定により届出します。

適用開始課税期間	自 平成 　　令和　　年　　月　　日		至 平成 　　令和　　年　　月　　日	
上記期間の	自 平成 　　令和　　年　　月　　日	左記期間の 総売上高		円
基準期間	至 平成 　　令和　　年　　月　　日	左記期間の 課税売上高		円

事業内容等	生年月日（個人）又は設立年月日（法人）	1明治・2大正・3昭和・4平成・5令和 　　年　　月　　日	法人のみ記載	事業年度	自　月　日至　月　日
				資本金	円
	事業内容			届出区分	相続・合併・分割等・その他

参考事項		税理士署名	(電話番号　　　　－　　　－　　　)

※税務署処理欄	整理番号		部門番号					
	届出年月日	年　月　日	入力処理	年　月　日	台帳整理		年　月　日	
	番号確認	身元確認　□ 済 　　　　　□ 未済	確認書類	個人番号カード／通知カード・運転免許証 その他（　　　　　　　）				

注意　1．裏面の記載要領等に留意の上、記載してください。
　　　2．税務署処理欄は、記載しないでください。

Ⅲ　国内取引における納税義務の判定の特例

1　納税義務の判定の特例にはどのようなものがあるのか

　消費税の納税義務の有無は、原則、基準期間における課税売上高を基礎として、判定を行います（新消法9①）。

　基準期間とは、法人の場合、その事業年度の前々事業年度のことをいいます（P144Ⅱ1(2)参照）。

　法人の設立初年度（第1期）及び第2期は基準期間がありませんので、原則、納税義務はありません。

　しかしながら、下記に該当する場合には、基準期間における課税売上高に関係なく、納税義務が発生します。

　・新設法人に該当する場合

　・特定新規設立法人に該当する場合

　・前事業年度等における課税売上高が1,000万円超の場合

　・消費税課税事業者選択届出書を提出する場合

　・適格請求書発行事業者に登録した場合

（注）　上記以外にも、高額特定資産を取得した場合の納税義務の免除の特例や合併、分割等があった場合の納税義務の免除の特例が設けられています（消法11、12、12の4）。

2　新設法人の納税義務の免除の特例

(1)　制度の内容

　新設法人とは、その事業年度の基準期間のない法人のうち、その事業年度開始の日における資本金の額が1,000万円以上である法人をいいます。

　したがって、設立に当たり、法人の資本金を1,000万円以上とする場合に

は、第１期の事業年度では納税義務は免除されません（消法12の２①）。

　そして、第２期の期首において資本金が1,000万円以上の場合には、第２期も納税義務が免除されません。

　新設法人が消費税の納税義務が免除されない事業年度において調整対象固定資産又は高額特定資産の仕入れ等を行った場合において、原則法により消費税の申告書を提出したときには、課税事業者が強制される期間が延びますので、注意が必要です（Ｐ182Ⅲ６、Ｐ189Ⅲ７参照）。

【例】　７月１日に、資本金1,000万円以上の法人（３月決算）を設立した場合

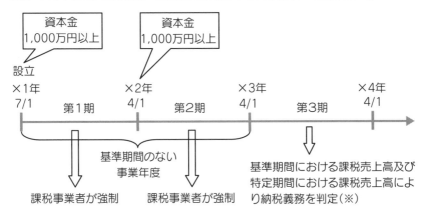

（※）第１期又は第２期に、調整対象固定資産又は高額特定資産の仕入れ等を行った
　　　場合において、原則課税により消費税の申告書を提出したときは、別途、課税
　　　事業者が強制される期間が延びます。

(2)　消費税の新設法人に該当する旨の届出書

　法人が新設法人に該当することとなった場合には、速やかに、所轄税務署長に、「消費税の新設法人に該当する旨の届出書」を提出しなければなりません（消法57②、消規26⑤）。

　「法人設立届出書」（Ｐ46）の「消費税の新設法人に該当することとなった事業年度開始の日」欄に、その設立年月日を記入した場合には、この届出書を提出する必要はありません（消基通１‐５‐20）。

第10‐(2)号様式

消費税の新設法人に該当する旨の届出書

収受印			
令和　年　月　日	届	（フリガナ） 納　税　地	（〒　―　） （電話番号　―　―　）
	出	（フリガナ） 本店又は 主たる事務所 の所在地	（〒　―　） （電話番号　―　―　）
		（フリガナ） 名　　称	
	者	法 人 番 号	
		（フリガナ） 代表者氏名	
＿＿＿＿税務署長殿		（フリガナ） 代表者住所	（電話番号　―　―　）

　下記のとおり、消費税法第12条の2第1項の規定による新設法人に該当することとなったので、消費税法第57条第2項の規定により届出します。

消費税の新設法人に該当することとなった事業年度開始の日	令和　　年　　月　　日
上記の日における資本金の額又は出資の金額	

事業内容等	設立年月日	平成 令和　　年　　月　　日
	事 業 年 度	自　　月　　日　至　　月　　日
	事 業 内 容	

参 考 事 項	「消費税課税期間特例選択・変更届出書」の提出の有無【有（　・・　）・無】

税 理 士 署 名	（電話番号　―　―　）

※税務署処理欄	整理番号		部門番号		番号確認	
	届出年月日	年　月　日	入力処理	年　月　日	台帳整理	年　月　日

注意　1．裏面の記載要領等に留意の上、記載してください。
　　　2．税務署処理欄は、記載しないでください。

3　特定新規設立法人の納税義務の免除の特例

(1)　制 度 の 内 容

　この制度は、大規模な法人が資本金1,000万円未満の子会社を設立することにより、免税点制度の不適切な利用を防止するために、創設されました（消法12の3）（※）。

　具体的には、設立した法人の資本金が1,000万円未満であっても、特定新規設立法人に該当する場合には、基準期間のない事業年度（第1期及び第2期）において納税義務は免除されないこととなります。

　平成26年4月1日以後に設立される特定新規設立法人から適用されています。

（※）　社会保障の安定財源の確保等を図る税制の抜本的な改革を行うための消費税法の一部を改正する等の法律（平成24年8月22日）

(2)　特定新規設立法人とは

　特定新規設立法人とは、その事業年度の基準期間のない法人（新設法人及び社会福祉法人などを除きます。以下、「新規設立法人」といいます。）のうち、下記の2つの要件を満たす法人をいいます。

　①　その基準期間のない事業年度開始の日において特定要件（(3)参照）に該当

　②　新規設立法人が特定要件に該当する旨の判定の基礎となった他の者及びその他の者の特殊関係法人のうちいずれかの者の基準期間相当期間における課税売上高が5億円を超えるもの（(4)参照）

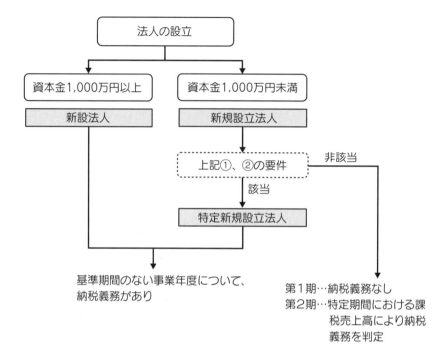

(3) 特 定 要 件

　特定要件とは、その基準期間がない事業年度開始の日（以下、「新設開始日」といいます。）において、次の①から④までのいずれかに該当する場合をいいます（消令25の2）。

①　他の者が新規設立法人の発行済株式総数の50％超を有する場合（新規設立法人が有する自己の株式は発行済株式から除かれます。以下同じ。）

②　他の者及び次に掲げる者（注1）が新規設立法人の発行済株式総数の50％超を有する場合

　（注1）次に掲げる者とはイ～ニに該当するものをいいます（消令25の2①二）。

　　　　イ　他の者の親族等（＊1）→【図1】の①

　　　　ロ　他の者が他の法人を完全に支配している（＊2）場合における他の法人→【図1】の②

※ 他の者が個人である場合には、他の者の親族等を含みます。以下、ハ及びニにおいて同じです。

ハ 他の者及びロに掲げる法人が他の法人を完全に支配している（＊2）場合における他の法人→【図1】の③

ニ 他の者、ロ及びハに掲げる法人が他の法人を完全に支配している（＊2）場合における他の法人→【図1】の④

【図1】

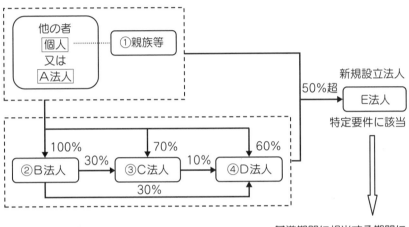

（＊1） 他の者の親族等とは、次に掲げる者をいいます（消令25の2②）。

(i) 他の者の親族

(ii) 他の者の内縁関係にある者

(iii) 他の者の使用人（他の者が個人である場合に限ります。）

(iv) (i)から(iii)までに掲げる者以外の者で当該他の者から受ける金銭その他の資産によって生計を維持しているもの（他の者が個人である場合に限ります。）

(v) (ii)から(iv)までに掲げる者と生計を一にするこれらの者の親族

（＊2） 「完全に支配している」とは、次のいずれかに該当する場合をいいます（消令25の2③）。

(i) 他の法人の発行済株式又は出資の全部を有する場合（その有する自己の株式等を除きます。）

(ii) 他の法人の「特定要件③」（下記③）の議決権のいずれかにつき、その

　　　　総数の全部を有する場合
　　(iii) 他の法人の株主等の全部を占める場合（合名会社、合資会社又は合同
　　　　会社の社員に限ります。）
③　他の者及び②（注1）に掲げる者が新規設立法人の次に掲げる議決権の
　いずれかにつき、その総数の50％超を有する場合
　イ　事業の全部若しくは重要な部分の譲渡、解散、継続、合併、分割、株
　　式交換、株式移転又は現物出資に関する決議に係る議決権
　ロ　役員の選任及び解任に関する決議に係る議決権
　ハ　役員の報酬、賞与その他の職務執行の対価として法人が供与する財産
　　上の利益に関する事項についての決議に係る議決権
　ニ　剰余金の配当又は利益の配当に関する決議に係る議決権
④　他の者及び②（注1）に掲げる者が新規設立法人の株主等の総数の半数
　を超える数を占める場合（合名会社、合資会社又は合同会社の社員に限り
　ます。）

(4)　判定対象者の基準期間相当期間における課税売上高が5億円を超えるもの

　新規設立法人が特定要件に該当した場合には、続いて、特定要件に該当す
る旨の判定の基礎となった他の者及びその他の者と特殊な関係にある法人
（注2）のうちいずれかの者（以下、「判定対象者」といいます。）の基準期
間に相当する期間（注3）における課税売上高（注4）が5億円超に該当す
るかどうかの判定を行います。

（注2）　特殊な関係にある法人とは
　特殊な関係にある法人（以下、「特殊関係法人」といいます。）とは、（3）特定
要件における②（注1）ロからニまでに掲げる法人のうち、非支配特殊関係法人
（＊3）以外の法人をいいます（消令25の3①）。
　ただし、当該他の者は、新規設立法人の発行済株式等、議決権を有する者又は
株主等である者に限られ、他の者が個人である場合には、その親族等が含まれま
す。
（＊3）　非支配特殊関係法人とは、次に掲げる法人をいいます（消令25の3②）。

イ　当該他の者と生計を一にしない親族等（別生計親族等）が完全に支配している法人

ロ　別生計親族等及びイに掲げる法人が完全に支配している法人

ハ　別生計親族等、イ及びロに掲げる法人が完全に支配している法人

【図2】

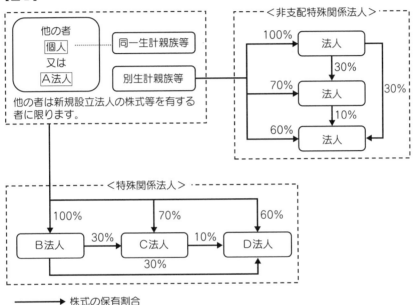

　　　　　➡　株式の保有割合

（注3）　基準期間に相当する期間

　基準期間相当期間とは、表4-1に掲げる判定対象者の区分に応じ、それぞれに定める期間をいいます（消令25の4②）。

【表4-1】

判定対象者	区　　　　　　　分		基準期間相当期間
個人	A	新規設立法人の新設開始日の2年前の日の前日から同日以後1年を経過する日までの間に12月31日が到来する年において個人事業者であった場合	その12月31日の属する年
	B	新規設立法人の新設開始日の1年前の日の前日から新設開始日の前日までの間に12月31日が到来する年（※1）において個人事	その12月31日の属する年

		業者であった場合（※2） （※1）　12月31日の翌日から新設開始日の前日までの期間が2月未満であるものを除きます。 （※2）　Aの場合に該当し、かつ、Aの基準期間相当期間における課税売上高が5億円を超える場合を除きます。	
	C	新規設立法人の新設開始日の1年前の日の前日から新設開始日の前日までの間に6月30日が到来する年（※1）において個人事業者であった場合（※2） （※1）　6月30日の翌日から新設開始日の前日までの期間が2月未満であるものを除きます。 （※2）　A又はBの場合に該当し、かつ、A又はBの基準期間相当期間における課税売上高が5億円を超える場合を除きます。	その6月30日の属する年の1月1日から6月30日までの期間
法人	D	新規設立法人の新設開始日の2年前の日の前日から同日以後1年を経過する日までの間に終了した判定対象者の各事業年度がある場合	その各事業年度を合わせた期間
	E	新規設立法人の新設開始日の1年前の日の前日から新設開始日の前日までの間に終了した判定対象者の各事業年度（※1）がある場合（※2） （※1）　各事業年度終了の日の翌日から新設開始日の前日までの期間が2月未満であるものを除きます。 （※2）　Dの場合に該当し、かつ、Dの基準期間相当期間における課税売上高が5億円を超える場合を除きます。	その各事業年度を合わせた期間
	F	新規設立法人の新設開始日の1年前の日の前日から新設開始日の前日までの間に判定対象者の事業年度（※1）開始の日以後6月の期間（※2）の末日が到来する場合（※3）	その6月の期間

		（※1）　判定対象者がD又はEの場合に該当するときは、D又はEに定める期間に含まれる各事業年度を除きます。 （※2）　その6月の期間の末日の翌日から新設開始日の前日までの期間が2月未満であるものを除きます。 （※3）　D又はEの場合に該当し、かつ、D又はEの基準期間相当期間における課税売上高が5億円を超える場合を除きます。	

（注4）　基準期間相当期間における課税売上高

　基準期間相当期間における課税売上高は、判定対象者の基準期間相当期間の国内における課税資産の譲渡等の対価の額の合計額（税抜き）から、売上げに係る対価返還等の金額（税抜き）を控除した残額となります（消令25の4①）。

　判定対象者が法人の場合、区分D又はEの基準期間相当期間における課税売上高は、その残額を基準期間相当期間の月数で除し、これに12を乗じて計算した金額となります。

（5）　特殊関係法人が既に解散している場合

　新設開始日において、特殊関係法人が既に解散していた場合であっても、判定対象者になることがあります（消法12の3②）。

　具体的には、新規設立法人がその新設開始日において特定要件に該当し、かつ、特定要件の判定の基礎となった他の者と特殊な関係にある法人であったものの解散が次のいずれかであるもののうち、その解散した日において、特殊関係法人に該当していたもの（解散法人）は、特殊関係法人とみなされます。

　イ）　新規設立法人の設立の日前1年以内に解散

　ロ）　新設開始日前1年以内に解散

　したがって、解散法人の基準期間相当期間における課税売上高が5億円を超えるときは、新規設立法人は特定新規設立法人に該当し、納税義務は免除

されません。

【例】特殊関係法人が新設開始日において、既に解散している場合

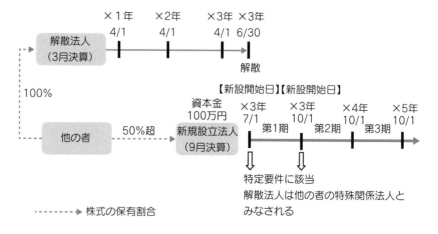

(6)　設例で確認してみよう

　個人事業者が資本金1,000万円未満で法人成りをした場合、設立第1期で
あっても、直ちに納税義務がないと判断することは危険です。

　資本金が1,000万円未満であっても、その法人が特定新規設立法人に該当
する場合には、納税義務は免除されません。

　そのため、個人事業者であった時の課税売上高やその個人の特殊関係法人
の存在などを確認することが必要です。

【例１】 個人事業者が法人成り（資本金1,000万円未満）をした場合の納税義務の判定

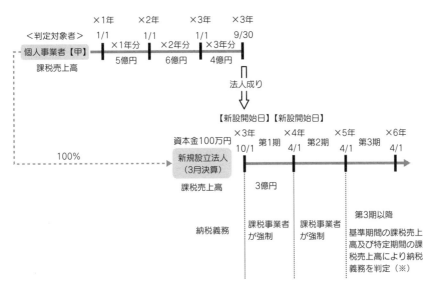

‥‥‥‥‥▶ 株式の保有割合

（※）第１期又は第２期において、調整対象固定資産又は高額特定資産の仕入れ等を行った場合において、
　　　原則課税により消費税の申告書を提出したときは、別途、課税事業者が強制される期間が延びます。

○第１期（×４年３月期）
新規設立法人の納税義務の判定
１）特定要件：甲100％　＞　50％　∴該当
２）判定対象者：甲
　　【表４-１】区分Ａ　基準期間相当期間における課税売上高
　　　　　　　　　　　×１年分　５億円　≦　５億円
　　　　　　　　　　　　　　　　∴５億円以下のため＜区分Ｂ＞による判定へ
　　【表４-１】区分Ｂ　基準期間相当期間における課税売上高
　　　　　　　　　　　×２年分　６億円　＞　５億円
　　　　　　　　　　　　　　　∴特定新規設立法人に該当→課税事業者

○第２期（×５年３月期）
新規設立法人の納税義務の判定
１）特定要件：甲100％　＞　50％　∴該当
２）判定対象者：甲

【表4-1】区分A   基準期間相当期間における課税売上高
　　　　　　　　　×2年分　6億円　＞　5億円
　　　　　　　　　　　　　∴特定新規設立法人に該当→課税事業者

○第3期（×6年3月期）
原則による納税義務の判定
　基準期間における課税売上高
　3億円×12月/6月＝6億円　＞　1,000万円
　　　　　　　　　　　　∴　課税事業者

【例2】特殊関係法人を有する個人が法人（資本金1,000万円未満）を設立した場合の納税義務の判定

　判定対象者が特殊関係法人に該当する場合の例です。
　法人乙は、新規設立法人の直接の株主ではありません。
　しかしながら、個人甲の特殊関係法人に該当しますので、判定対象者となります。
　そのため、消費税の納税義務の判断を行う場合には、新規設立法人の株主だけでなく、その株主の特殊関係者の存在も確認しておく必要があります。

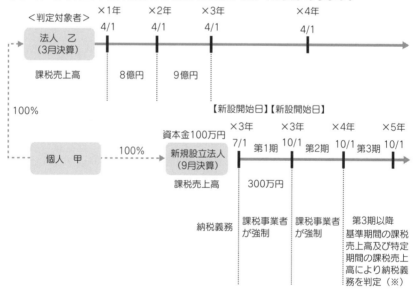

　・・・・・・▶ 株式の保有割合

（※）第1期又は第2期において、調整対象固定資産又は高額特定資産の仕入れ等を行った場合において、原則課税により消費税の申告書を提出したときは、別途、課税事業者の強制される期間が延びます。

○第１期（×３年９月期）

新規設立法人の納税義務の判定

1）特定要件：甲100%　＞　50%　∴該当

2）判定対象者：乙

　【表4-1】区分D　基準期間相当期間における課税売上高

　　　　　　　　　×２年３月期　８億円　＞　５億円

　　　　　　　　　　　　∴特定新規設立法人に該当→課税事業者

○第２期（×４年９月期）

新規設立法人の納税義務の判定

1）特定要件：甲100%　＞　50%　∴該当

2）判定対象者：乙

　【表4-1】区分D　基準期間相当期間における課税売上高

　　　　　　　　　×２年３月期　８億円　＞　５億円

　　　　　　　　　　　　∴特定新規設立法人に該当→課税事業者

○第３期（×５年９月期）

原則による納税義務の判定

　基準期間における課税売上高

　300万円×12月/３月＝1,200万円　＞　1,000万円

　　　　　　　　　　　　　　　　　　　　∴　課税事業者

(7)　消費税の特定新規設立法人に該当する旨の届出書

　法人が特定新規設立法人に該当することとなった場合には、速やかに、所轄税務署長に、「消費税の特定新規設立法人に該当する旨の届出書」を提出しなければなりません（消法57②、消規26⑥）。

第10-(3)号様式

消費税の特定新規設立法人に該当する旨の届出書

令和　年　月　日	届 出 者	（フリガナ）	
		納　税　地	（〒　　－　　） （電話番号　　　－　　　－　　　）
		（フリガナ）	
		本　店　又　は 主たる事務所 の　所　在　地	（〒　　－　　） （電話番号　　　－　　　－　　　）
		（フリガナ）	
		名　称　及　び 代表者氏名	（電話番号　　　－　　　－　　　）
＿＿＿＿税務署長殿		法　人　番　号	

　下記のとおり、消費税法第12条の３第１項の規定による特定新規設立法人に該当することとなったので、消費税法第57条第２項の規定により届出します。

消費税の特定新規設立法人に該当することとなった事業年度開始の日				令和　　　年　　　月　　　日			
事業内容等	設立年月日			平成 令和　　　年　　　月　　　日			
	事業年度			自　　　月　　　日　　至　　　月　　　日			
	事業内容						
特定新規設立法人の判定	イ	特定要件の判定	① 特定要件の判定の基礎となった他の者	納　税　地　等			
				氏名又は名称			
		保有割合	② ①の者が直接又は間接に保有する新規設立法人の発行済株式等の数又は金額		株（円）	③ のうち、①の者が直接又は間接に保有する割合（②／③×100）	％
			③ 新規設立法人の発行済株式等の総数又は総額		株（円）		
	ロ	基準期間に相当する期間の課税売上高	納　税　地　等				
			氏名又は名称				
			基準期間に相当する期間	自 平成 　 令和　年　月　日 ～ 至 平成 令和　年　月　日			
			基準期間に相当する期間の課税売上高			円	

　上記イ④の割合が50％を超え、かつ、ロの基準期間に相当する期間の課税売上高が５億円を超えている場合には、特定新規設立法人に該当しますので、この届出書の提出が必要となります。

参　考　事　項	
税　理　士　署　名	（電話番号　　　－　　　－　　　）

税務署処理欄	整理番号		部門番号		番号確認		
	届出年月日	年　月　日	入力処理	年　月　日	台帳整理	年　月　日	

注意　1．裏面の記載要領等に留意の上、記載してください。
　　　2．税務署処理欄は、記載しないでください。

4　前事業年度等における課税売上高による納税義務の免除の特例

(1)　制度の趣旨と概要

　消費税の納税義務者は、国内において財貨・サービスの販売・提供などを行う事業者です。

　しかしながら、消費税の実質的な負担者は、販売・提供などを受けた消費者です。

　そのため、事業者の納税義務が免除されると、消費者が負担している消費税が、事業者のものとなってしまいます。

　このことをいわゆる益税といいます。

　基準期間による課税売上高のみで納税義務を判定する場合、法人の設立第1期及び第2期は基準期間がありませんので、原則、法人の納税義務が免除され、益税が生じます。

　仮に、第1期から課税売上高が大きい場合には、益税も多額に生じることになってしまいます。

　そこで、平成23年6月税制改正により、この制度が創設され、平成25年1月1日以後に開始する事業年度から適用されています。

　その概要は、納税義務の判定に「基準期間における課税売上高」だけでなく、「前事業年度の上半期における課税売上高」の実績も加えるというものです。

(2)　内　　容

　事業者のその事業年度の基準期間における課税売上高が1,000万円以下である場合において、その事業者のその事業年度に係る特定期間における課税売上高が1,000万円を超えるときは、その事業年度における消費税の納税義務は免除されません（消法9の2①）。

(3)　特定期間とは

①　特定期間の原則

　特定期間とは、表4-2に掲げる事業者の区分に応じ、それぞれ定める期間をいいます（消法9の2④）。

　法人の場合、特定期間は、原則として、前期の期首から6ヶ月間です。

　したがって、設立第1期では、特定期間は存在しません。

【表4-2】

事業者の区分	特定期間
個人事業者	その年の前年1月1日から6月30日までの期間
前事業年度（短期事業年度を除く）がある法人	その事業年度の前事業年度開始の日以後6月の期間

　下記の例による当期の特定期間は、×2年4月1日から×2年9月30日までの期間となります。

【例】　3月決算法人の場合

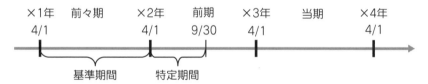

②　6月の期間の特例

　法人の特定期間となる6月の期間の末日は、事業年度終了日（期末日）の応当する日にあわせることとされています（表4-3、消令20の6）。

　そのため、月の途中で設立した法人などの第2期における納税義務の判定をする場合には、特定期間を調整する必要があります。

【表4-3】　6月の期間の特例（6月の期間の末日がその前事業年度の終了応
当日（※）でない場合）

期末日の区分	特定期間の特例
前事業年度終了の日が月末である場合	前事業年度開始の日から6月の期間の末日の属する月の前月の末日【例1】
前事業年度終了の日が月末でない場合	前事業年度開始の日から6月の期間の末日の直前の終了応当日までの期間【例2】

（※）　前事業年度の終了応当日とは、
　　　…その前事業年度終了の日に応当するその前事業年度に属する各月の日をいいます（消令20の6①二）。

【例1】　3月末決算法人を4月15日に設立した場合

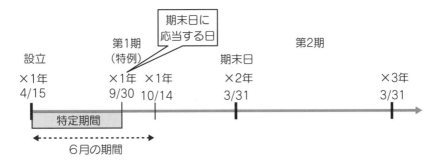

【例2】　12月20日決算法人を4月1日に設立した場合

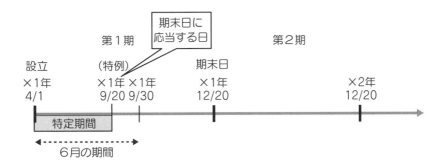

③　前事業年度が短期事業年度である場合の特例

　消費税の納税義務の判定は、原則、その事業年度の開始日前までに行う必要があると考えられています（消法9の2④）。

　そのため、前事業年度が短い場合には、別途、取扱いを設けており、その短い事業年度のことを短期事業年度といいます。

　短期事業年度は、次に掲げるものが該当します（消令20の5①）。

　イ）　前事業年度が7月以下であるもの

　ロ）　前事業年度（7月以下であるものを除きます。）で、前事業年度開始の日以後6月の期間の末日（6月の期間の特例適用後）の翌日からその前事業年度終了の日までの期間が2月未満であるもの

　一般的に、短期事業年度に該当する場合は、設立第1期の事業年度や決算期を変更した事業年度になるものと考えられます。

　そして、前事業年度が短期事業年度に該当する場合の取扱いは、次のいずれか（A又はB）となります。

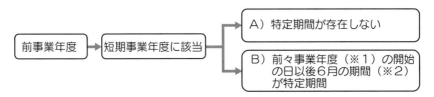

B）のケースは、一般的には、6ヶ月決算法人が該当するものと考えられます。

（※1）次に掲げるものは、前々事業年度から除きます（消令20の5②）。
　①　前々事業年度でその事業年度の基準期間に含まれるもの
　②　前々事業年度開始の日以後6月の期間の末日（6月の期間の特例適用後）
　　の翌日からその前事業年度終了の日までの期間が2月未満であるもの
　③　前々事業年度が6月以下で前事業年度が2月未満であるもの

（※2）前々事業年度が6月以下の場合には、その前々事業年度開始の日からその終了の日までの期間

【例】　6ヶ月法人（3月末・9月末）の場合の特定期間

　当期の基準期間は、×1年4月1日から×2年3月31日までとなります。

　また、前期は短期事業年度となりますので、特定期間は、前々期である×2年4月1日から×2年9月30日までの6月の期間となります。

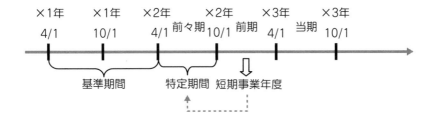

　ちなみに、基準期間と特定期間が重複することはありません（上記（※1）①参照）。

　したがって、前期が短期事業年度に該当し、前々期が基準期間に該当する場合には、特定期間が存在しないことになります（消法9の2④）。

(4)　特定期間における課税売上高

①　特定期間における課税売上高

　特定期間における課税売上高とは、その特定期間中に国内において行った課税資産の譲渡等の対価の額の合計額（税抜き）から、その特定期間中に行った売上げに係る対価の返還等の金額の合計額（税抜き）を控除した残額をいいます（消法9の2②③）。

　この考え方は、基準期間における課税売上高と同様です。

　ただし、基準期間における課税売上高は1年換算を行いますが、特定期間における課税売上高は6ヶ月換算を行いません。

②　特定期間中に支払った給与等

　特定期間における課税売上高は、事業者が特定期間中に支払った給与等の金額の合計額とすることができます。

　これは、事業者の事務負担に配慮する観点から設けられています。

　給与等の金額は売上高との相関関係が高く、また、事業者は給与支払明細書の交付義務があり、源泉所得税を毎月あるいは6月ごとに納付していることから、その支払額を把握することが容易であるためです。

　この給与等の金額は、所得税法施行規則第100条第1項第1号《給与等、退職手当等又は公的年金等の支払明細書》に規定する給与等の金額をいいます（消規11の2）。

　したがって、所得税の課税対象となる給与、賞与等が該当し、所得税が非課税とされる通勤手当、旅費等は該当しません。

　もちろん、給与等ですから、退職手当等は該当しません。

　また、特定期間中に支払った給与等の金額には、未払額を含みません（消基通1-5-23）。

　いずれの数値で納税義務の判定をするかは、事業者の選択に委ねられています。

　ですから、例えば、特定期間における課税売上高が1,000万円超であっても、特定期間中に支払った給与等の合計額が1,000万円以下であれば、免税

事業者を選択することができます。

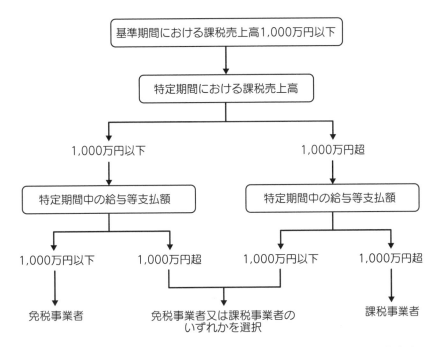

（注）　「消費税課税事業者選択届出書」とは異なります。

(5)　設立する前に決算期の設定を検討しよう

　第1期から売上高及び給与等の支払額が多く、特定期間の課税売上高が1,000万円超になると見込まれる場合には、第1期を何ヶ月にするのかによって、免税事業者となる期間が異なります。

【例1】 3月末決算法人を4月15日に設立した場合（新設法人・特定新規設立法人に該当しない法人）

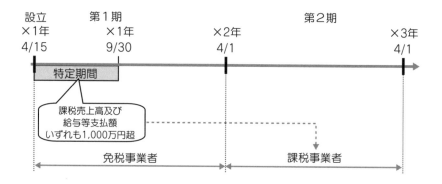

　これに対し、第1期の事業年度を7月以下になるように決算期を設定すれば、第1期と第2期では、基準期間も特定期間もありません。

　したがって、いずれの期も納税義務は免除されることとなります。

【例2】 3月末決算法人を10月1日に設立した場合（新設法人・特定新規設立法人に該当しない法人）

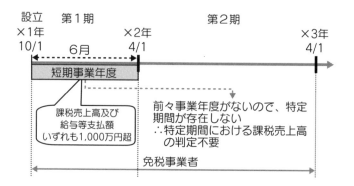

(6)　消費税課税事業者届出書（特定期間用）

　基準期間における課税売上高が1,000万円以下である事業者が、特定期間における課税売上高が1,000万円を超えたことにより課税事業者となる場合には、速やかに、所轄税務署長に、「消費税課税事業者届出書（特定期間用）」を提出しなければなりません（消法57①一、消規26①一）。

第3-(2)号様式

特定期間用

消 費 税 課 税 事 業 者 届 出 書

収受印

令和　年　月　日	届	（フリガナ）			
		納税地	（〒　－　）		
				（電話番号　　－　　－　　）	
		（フリガナ）			
		住所又は居所 （法人の場合） 本 店 又 は 主たる事務所 の 所 在 地	（〒　－　）		
	出			（電話番号　　－　　－　　）	
		（フリガナ）			
		名称（屋号）			
		個 人 番 号 又 は 法 人 番 号	↓ 個人番号の記載に当たっては、左端を空欄とし、ここから記載してください。		
	者	（フリガナ）			
		氏 名 （法人の場合） 代 表 者 氏 名			
_____税務署長殿		（フリガナ）			
		（法人の場合） 代表者住所		（電話番号　　－　　－　　）	

　下記のとおり、特定期間における課税売上高が1,000万円を超えることとなったので、消費税法第57条第1項第1号の規定により届出します。

適用開始課税期間		自 平成 　　令和　　年　月　日　至 平成 　　　　　　　　　　　　　令和　　年　月　日			
上記期間の 特 定 期 間	自 平成 　令和　　年　月　日		左記期間の 総売上高		円
			左記期間の 課税売上高		円
	至 平成 　令和　　年　月　日		左記期間の 給与等支払額		円
事業内容等	生年月日（個人）又は設立 年月日（法人）	1明治・2大正・3昭和・4平成・5令和 　　　　年　　　月　　　日	法人 のみ 記載	事業年度	自　月　日 至　月　日
				資 本 金	円
	事 業 内 容				
参考事項			税理士 署名		
				（電話番号　　－　　－　　）	

※税務署処理欄	整理番号			部門番号				
	届出年月日	年　月　日	入力処理	年　月　日		台帳整理	年　月　日	
	番号 確認	身元 確認	□ 済 □ 未済	確認 書類	個人番号カード／通知カード・運転免許証 その他（　　　　　）			

注意　1．裏面の記載要領等に留意の上、記載してください。
　　　2．税務署処理欄は、記載しないでください。

5　消費税課税事業者選択届出書を提出する場合

(1)　課税事業者選択届出書の効力

　消費税の納税義務を免除される事業者が、「消費税課税事業者選択届出書」（以下、「課税事業者選択届出書」といいます。）を所轄税務署長に提出した場合には、その提出があった日の属する課税期間の翌課税期間以後の各課税期間については、課税事業者となります（消法9④、消令20①、消規11①、消基通1‐4‐14）。

　特例として、国内において課税資産の譲渡等に係る事業を開始した日の属する課税期間などの場合には、その届出書の提出があった日の属する課税期間から課税事業者を選択することができます。

　すなわち、新たに設立した法人が第1期において、「課税事業者選択届出書」を提出した場合には、第1期から課税事業者となるか又は第2期から課税事業者となるかを選ぶこととなります。

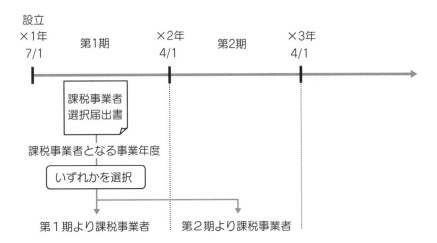

　（※）　第1期又は第2期に、調整対象固定資産又は高額特定資産の仕入れ等を行った場合において、原則課税により消費税の申告書を提出したときは、別途、課税事業者の強制される期間が延びます。

　本来、納税義務の免除される事業者が、あえて課税事業者となる理由は、還付申告をするためと考えられます(*)。

　課税事業者は、消費者から預かった消費税よりも事業者が支払った消費税の方が多ければ、原則課税で申告することにより、消費税が還付されます。

　例えば、主な売上げが輸出売上である法人や大規模な設備投資を予定している法人、在庫を多く抱えなければならない法人などの場合には、還付申告をする方が有利になることが予想されます。

　免税事業者である場合には申告することができませんので、課税事業者になる必要があるのです。

　このとき、注意しなければならないのは、調整対象固定資産又は高額特定資産の仕入れ等を行い、還付申告を行う場合です。

　なぜなら、課税事業者として強制される期間が延びてしまうからです（P182Ⅲ6、P189Ⅲ7参照）。

（＊）　令和5年10月1日以降導入される適格請求書等保存方式における適格請求書発行事業者の登録を受けるため、還付申告か否かに関係なく、課税事業者を選択することも考えられます。（P218、P237参照）

◆コラム：事業年度と課税期間
　消費税の計算の基礎となる期間は課税期間です。課税期間は、原則、法人税法と同様に事業年度となります（消法19①二）。
　ただし、消費税法では、特例として、「消費税課税期間特例選択・変更届出書」を納税地の所轄税務署長に提出することにより、一事業年度である課税期間を3月ごと又は1月ごとに区分することができます（消法19①四、四の二）。
　この特例を適用した事業者は、区分された課税期間ごとに消費税の計算を行い、各課税期間の末日の翌日から2月以内に確定申告をしなければなりません（消法45）。

第1号様式

消費税課税事業者選択届出書

収受印			
令和　年　月　日	届 出 者	（フリガナ） 納　税　地	（〒　－　　） （電話番号　　　－　　　－　　　）
		（フリガナ） 住所又は居所 （法人の場合） 本店又は 主たる事務所 の所在地	（〒　－　　） （電話番号　　　－　　　－　　　）
		（フリガナ） 名称（屋号）	
		個人番号 又は 法人番号	↓　個人番号の記載に当たっては、左端を空欄とし、ここから記載してください。
		（フリガナ） 氏　名 （法人の場合） 代表者氏名	
_____税務署長殿		（フリガナ） （法人の場合） 代表者住所	（電話番号　　　－　　　－　　　）

　下記のとおり、納税義務の免除の規定の適用を受けないことについて、消費税法第9条第4項の規定により届出します。

適用開始課税期間	自 平成 　　令和　　年　　月　　日		至 平成 　　令和　　年　　月　　日
上記期間の	自 平成 　令和　　年　　月　　日	左記期間の 総売上高	円
基準期間	至 平成 　令和　　年　　月　　日	左記期間の 課税売上高	円

事業内容等	生年月日（個人）又は設立年月日（法人）	1明治・2大正・3昭和・4平成・5令和 　　　　年　　月　　日	法人のみ記載	事業年度	自　月　日 至　月　日
				資本金	円
	事業内容		届出区分	事業開始・設立・相続・合併・分割・特別会計・その他	

参考事項		税理士署名	（電話番号　　　－　　　－　　　）

※税務署処理欄	整理番号		部門番号				
	届出年月日	年　月　日	入力処理	年　月　日	台帳整理	年　月　日	
	通信日付印 　年　月　日	確認	番号確認	身元確認	□ 済 □ 未済	確認書類	個人番号カード／通知カード・運転免許証 その他（　　　　　　）

注意　1．裏面の記載要領等に留意の上、記載してください。
　　　2．税務署処理欄は、記載しないでください。

┌───┐

◆コラム：課税資産の譲渡等に係る事業を開始した課税期間の範囲

　「国内において課税資産の譲渡等に係る事業を開始した日の属する課税期間」とは、原則として、その法人の設立の日の属する課税期間をいいます（消基通1-4-7、1-4-8）。

　しかしながら、次のような課税期間も、事業を開始した日の属する課税期間に該当するものとして取り扱われています。

① 　非課税資産の譲渡等に該当する社会福祉事業のみを行っていた法人が、新たに国内において課税資産の譲渡等に係る事業を開始した課税期間

② 　国外取引のみを行っていた法人が、新たに国内において課税資産の譲渡等に係る事業を開始した課税期間

③ 　設立の日の属する課税期間においては設立登記を行ったのみで事業活動を行っていない法人が、その翌課税期間等において実質的に事業活動を開始した場合のその課税期間等

④ 　その課税期間開始の日の前日まで2年以上にわたって国内において行った課税資産の譲渡等又は課税仕入れ及び保税地域からの課税貨物の引取りがなかった事業者が課税資産の譲渡等に係る事業を再び開始した課税期間（いわゆる、2年以上休眠状態であった法人や休業していた個人事業者が事業を再開した場合のその再開した課税期間）

　また、「課税資産の譲渡等に係る事業を開始した日」ですから、「課税資産の譲渡等を開始した日」ではないことに注意する必要があります。

　すなわち、事業者が、その事業を行うために、仕入をする、事務所・店舗などの賃貸借契約を締結するなどの行為した日も事業を開始した日に該当します。

　この考え方は、課税期間の特例、簡易課税制度における国内において課税資産の譲渡等に係る事業を開始した日の属する課税期間等についても同様となっています（消令41①一、56①一）。

└───┘

(2)　課税事業者選択不適用届出書の効力

　「課税事業者選択届出書」を提出し、課税事業者となった場合において、その後、課税事業者をやめようとするときには、「消費税課税事業者選択不適用届出書」（以下、「課税事業者選択不適用届出書」といいます。）を所轄税務署長に提出しなければなりません（消法9⑤、消規11②）。

　「課税事業者選択不適用届出書」の提出があった場合には、その提出があった日の属する課税期間の末日の翌日以後は、「課税事業者選択届出書」の効力は失われます（消法9⑧）。

　ただし、「課税事業者選択不適用届出書」は、事業を廃止した場合を除き、「課税事業者選択届出書」の提出によって課税事業者となった初めての課税期間の初日から2年を経過する日の属する課税期間の初日以後でなければ、提出することができません（消法9⑥）。

　いわゆる「2年縛り」と呼ばれる制度です。

　また、適格請求書発行事業者に登録している場合には、別途、「適格請求書発行事業者の登録の取消しを求める旨の届出書」を提出しなければ、免税事業者となることはできませんので注意が必要です（P238参照）。

【例】

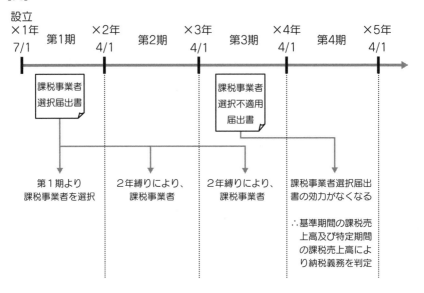

設立
×1年
7/1

第1期

×2年
4/1

第2期

×3年
4/1

第3期

×4年
4/1

第4期

×5年
4/1

課税事業者
選択届出書

課税事業者
選択不適用
届出書

第1期より
課税事業者を選択

2年縛りにより、
課税事業者

2年縛りにより、
課税事業者

課税事業者選択届出
書の効力がなくなる

∴基準期間の課税売
上高及び特定期間
の課税売上高によ
り納税義務を判定

第2号様式

消費税課税事業者選択不適用届出書

	収受印			
令和　年　月　日	届 出 者	（フリガナ）		
		納　税　地	（〒　　－　　　） （電話番号　　－　　－　　）	
		（フリガナ）		
_____税務署長殿		氏 名 又 は 名 称 及 び 代 表 者 氏 名		
		個 人 番 号 又 は 法 人 番 号	↓ 個人番号の記載に当たっては、左端を空欄とし、ここから記載してください。	

　下記のとおり、課税事業者を選択することをやめたいので、消費税法第9条第5項の規定により届出します。

①	この届出の適用 開始課税期間	自 平成 令和　年　月　日	至 平成 令和　年　月　日
②	①の基準期間	自 平成 令和　年　月　日	至 平成 令和　年　月　日
③	②の課税売上高		円

※ この届出書を提出した場合であっても、特定期間（原則として、①の課税期間の前年の1月1日（法人の場合は前事業年度開始の日）から6か月間）の課税売上高が1千万円を超える場合には、①の課税期間の納税義務は免除されないこととなります。詳しくは、裏面をご覧ください。

課 税 事 業 者 と な っ た 日	平成 令和　年　月　日
事 業 を 廃 止 し た 場合の廃止した日	平成 令和　年　月　日
提 出 要 件 の 確 認	課税事業者となった日から2年を経過する日までの間に開始した各課税期間中に調整対象固定資産の課税仕入れ等を行っていない。　　はい □
	※ この届出書を提出した課税期間が、課税事業者となった日から2年を経過する日までに開始した各課税期間である場合、この届出書提出後、届出を行った課税期間中に調整対象固定資産の課税仕入れ等を行うと、原則としてこの届出書の提出はなかったものとみなされます。詳しくは、裏面をご確認ください。
参 考 事 項	
税 理 士 署 名	（電話番号　　－　　－　　）

※税務署処理欄	整理番号		部門番号			
	届出年月日	年　月　日	入力処理	年　月　日	台帳整理	年　月　日
	通信日付印 確認 年　月　日		番号確認	身元 □済 確認 □未済	確認書類	個人番号カード／通知カード・運転免許証 その他（　　）

注意　1．裏面の記載要領等に留意の上、記載してください。
　　　2．税務署処理欄は、記載しないでください。

(3)　「届出書」提出の有無の管理が重要

　「課税事業者選択届出書」の効力は、「課税事業者選択不適用届出書」を提出しない限り続きますので、注意が必要です。

　例えば、次のケースをみてみましょう。

　第1期において、「課税事業者選択届出書」を提出し、課税事業者となった場合には、第2期においても課税事業者が強制されます。

　第3期では、基準期間における課税売上高は1,000万円超ですから、課税事業者となります。

　第4期では、基準期間における課税売上高は1,000万円以下です。しかしながら、課税事業者選択届出書の効力が続いていますので、課税事業者として納税義務があります。

　免税事業者となるためには、第3期において、「課税事業者選択不適用届出書」を提出しなければなりません。

　また、適格請求書発行事業者に登録している場合には、別途、「適格請求書発行事業者の登録の取消しを求める旨の届出書」を提出しなければ、免税事業者となることはできません。

　ですから、届出書の提出の有無の管理はとても重要です。

【例】

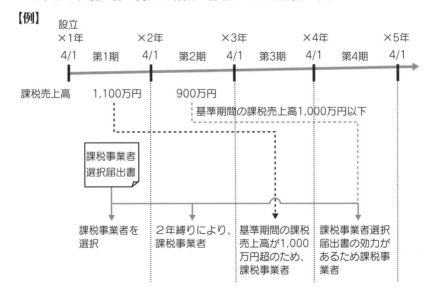

◆**コラム：申告書の提出期限と届出書の期限**

　国税に関する申告の提出期限が、土曜日、日曜日、祝日等、12月29日、12月30日、12月31日である場合には、これらの日の翌日をもってその期限とみなされます。

　ですから、例えば、申告期限が土曜日の場合、翌週の月曜日が申告期限とみなされます（通則法10②、通則令２②）。

　これに対し、「課税事業者選択届出書」及び「簡易課税選択届出書」などは、原則、適用を受けようとする課税期間前に提出しなければなりません。

　申告書の提出期限と異なり、期末日が日曜日であっても、これらの届出書の期限が延びることはありません。

6　調整対象固定資産の仕入れ等を行った場合の制限

(1)　制 度 の 趣 旨

　この制度は、非課税取引用の建物（いわゆる賃貸アパートや賃貸マンション）の建築時に係る消費税を控除（還付）させないために、平成22年度税制改正において創設されました。

　では、どのような流れで、居住用賃貸建物の建築時に係る消費税を控除するのでしょうか。

　その概要をみてみましょう。

〈第1期〉

　・居住用の賃貸アパートを建築し、まだ、貸付けは行わない。

　・意図的に、少額の課税売上を発生させる（自販機を設置するなど）。

　・「課税事業者選択適用届出書」を提出し、課税事業者となる。

　・原則課税（一括比例配分方式）により、居住用賃貸建物の建築に係る消費税を控除（還付）する。

〈第2期〉

　・「課税事業者選択不適用届出書」又は「簡易課税選択届出書」を提出し、第3期より、免税事業者又は簡易課税を選択する。

〈第3期〉

　・免税事業者となる又は簡易課税を選択しているため、課税売上割合が著しく変動していても居住用賃貸建物の建築に係る消費税を調整する必要がなくなる。

【例】

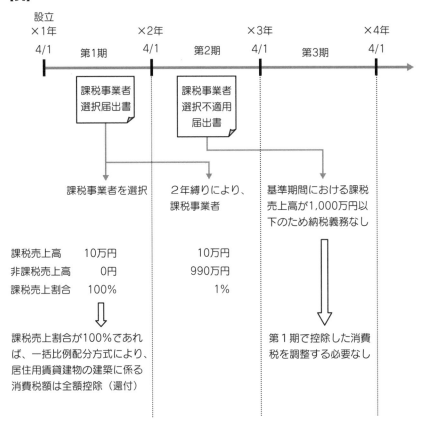

　このスキームのポイントは、第3期において、免税事業者となる又は簡易課税制度を選択することにより、課税売上割合が著しく変動した場合の調整対象固定資産に関する仕入れに係る消費税額の調整の規定が適用できなくなることにあります。

　そのため、この制度では、一定の場合に、課税事業者を強制させる及び簡易課税制度を適用できないように制限しているのです。

(2)　制度の対象となる事業者

この制度の対象となる事業者は、次の事業者が該当します。

①　課税事業者選択届出書を提出した事業者（消法9⑦）

②　新設法人及び特定新規設立法人（消法12の2②、12の3③）

(3)　制 度 の 内 容

①　課税事業者選択届出書を提出した事業者の場合

　課税事業者となることを選択した事業者が、次のイ及びロに該当する場合には、その調整対象固定資産の仕入れ等を行った課税期間の初日から3年を経過する日の属する課税期間の初日以後でなければ、「課税事業者選択不適用届出書」を提出することができません（消法9⑦）。

　イ　「課税事業者選択届出書」の提出により、初めて課税事業者となった課税期間の初日から2年を経過する日までの間に開始した各課税期間中に、調整対象固定資産の仕入れ等を行った場合

　ロ　その調整対象固定資産の仕入れ等を行った課税期間につき原則課税により申告する場合（簡易課税制度の適用を受けない場合）

【例】

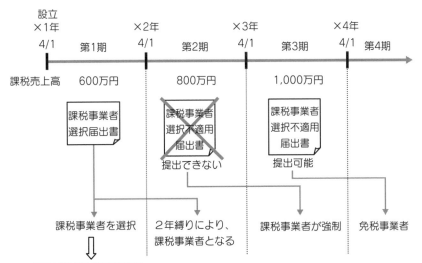

　法人の設立第１期は、事業年度が12ヶ月ではないことがほとんどです。

　このとき、注意しなければならないのは、第４期まで課税事業者となるということです。

　例えば、次のケースで考えてみましょう。

・３月決算法人を７月１日に設立

・「課税事業者選択届出書」を提出

・第１期において、調整対象固定資産を取得し、原則課税により申告

　「課税事業者選択不適用届出書」は、第４期になって、初めて提出することが可能となります。

　第４期中にその届出書を提出した場合には、第５期以降、「課税事業者選択届出書」の効力が失われます。

　したがって、第１期から第４期までは、課税事業者となります。

　また、第２期において調整対象固定資産を取得し、原則課税により申告し

た場合も、第4期まで課税事業者となります。

　ちなみに、第3期において、調整対象固定資産を取得し、原則課税により申告した場合には、第5期まで課税事業者となります。

【例】 3月決算法人を7月1日に設立した場合

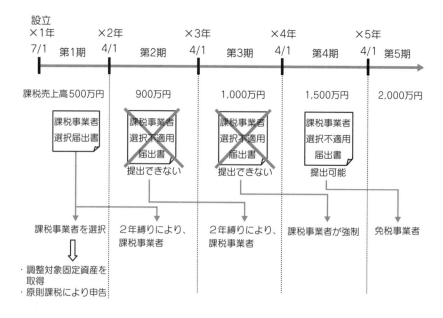

②　新設法人及び特定新規設立法人の場合

　新設法人及び特定新規設立法人が、次のイ及びロに該当する場合には、その調整対象固定資産の仕入れ等を行った課税期間の初日から3年を経過する日の属する課税期間までの各課税期間については免税事業者となることはできません（消法12の2②、12の3③）。

　イ　基準期間がない事業年度に含まれる各課税期間中に、調整対象固定資産の仕入れ等を行った場合

　ロ　その調整対象固定資産の仕入れ等を行った課税期間につき原則課税により申告する場合（簡易課税制度の適用を受けない場合）

【例】 資本金1,000万円の3月決算法人を7月1日に設立した場合

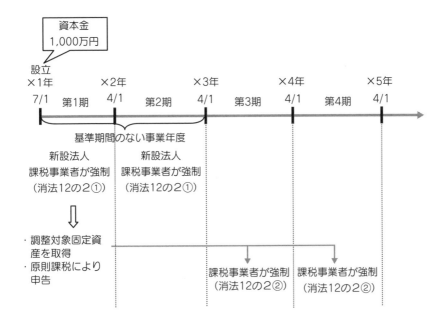

(4)　調整対象固定資産とは

①　調整対象固定資産を取得し原則課税により申告をする場合は要注意

　この制度の趣旨は、非課税取引用の建物の建築時に係る消費税を控除（還付）させないことにあります。

　しかしながら、その内容は、非課税取引用の建物の取得だけに限定しているわけではありません。

　一定の課税期間において、調整対象固定資産を取得し、原則課税により申告をする場合に、適用されてしまうのです。

　ですから、例えば、店舗の内装工事や車両の取得なども調整対象固定資産に該当する可能性がありますので、注意が必要です。

②　調整対象固定資産とは

　調整対象固定資産とは、建物、構築物、機械及び装置、船舶、航空機、車

両及び運搬具、工具、器具及び備品、鉱業権その他の資産で課税仕入れ等に係る支払対価の額（税抜）が一の取引単位につき100万円以上のもので棚卸資産以外のものをいいます（消法2①十六、消令5）。

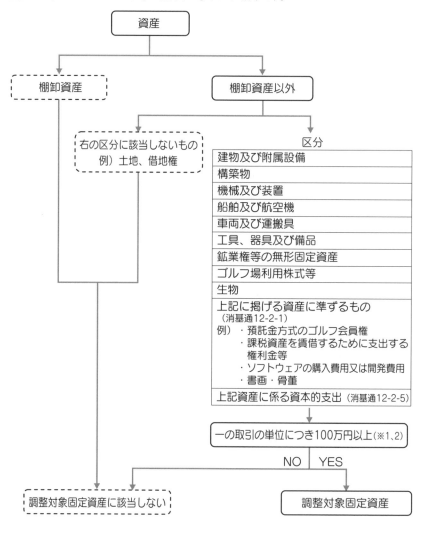

（※1）一の取引の判定単位
　　　　一の取引の単位（通常一組又は一式をもって取引の単位とされるものにあって
　　　　は一組又は一式）であるかどうかは、例えば、機械及び装置にあっては1台又
　　　　は1基、工具、器具及び備品にあっては1個、1組又は1そろいごとに判定
　　　　します（消基通12-2-3）。
（※2）調整対象固定資産の支払対価
　　　　支払対価の額には、その資産の購入のために要する引取運賃、荷役費等の付随
　　　　費用は含まれません（消基通12-2-2）。

◆コラム：調整対象固定資産を売却等した場合

　事業者が調整対象固定資産の仕入れ等を行った後にその調整対象固定資産
を廃棄、売却等により処分したとしても、消費税法第9条第7項、第12条の
2第2項、第12条の3第3項の規定は継続して適用されます（消基通1-4
-15の2、1-5-22）。
　ちなみに、課税売上割合が著しく変動した場合の調整対象固定資産に関す
る仕入れに係る消費税額の調整（消法33①）の規定は、調整対象固定資産を
第三年度の課税期間の末日において有している場合に適用されます。

7　高額特定資産を取得した場合の納税義務の免除の特例

（1）　制度が設けられた背景

　事業者免税点制度や簡易課税制度が設けられている趣旨は、小規模事業者
の事務処理能力、また、中小事業者の事務負担に配慮することにあります。

　しかしながら、会計検査院の平成24年度決算検査報告において、「売上高、
資産の状況などから判断して、事務処理能力等があり、また、その事務負担
に配慮する必要がないと思料される法人が、多額の課税売上高等を有する課
税期間に事業者免税点制度や簡易課税制度を適用することができることとな
っていて、多額の推計納付消費税額及び消費税差額等が生じている状況とな
っていた。」との指摘がなされていました。

　そこで、平成28年度税制改正において、これら制度の趣旨を逸脱するよう
な場合について、その適用を制限する規定が設けられました。

　では、どのようなケースが問題となったのかみてみましょう。

〈第1期〉

　・法人を設立し、課税事業者となる。

　・高額の棚卸資産を取得し、その資産に係る消費税を控除（還付）する。

　・「簡易課税制度選択届出書」を提出し、第2期から適用を受ける。

〈第2期〉

　・高額の棚卸資産を売却し、簡易課税制度の適用を受ける。

　　つまり、棚卸資産に係る課税仕入れについて、二重で控除される部分が
　　生じる。

　第1期において取得した資産が調整対象固定資産に該当する場合、第2期
では簡易課税を適用することができません。（参考P206Ⅳ5）

　しかしながら、棚卸資産は調整対象固定資産に該当しないため、第2期に
おいて簡易課税を適用することが可能です。

　また、設立から一定期間の経過した法人が高額な資産を取得し、原則課税
により消費税を控除（還付）した場合にも、課税売上高を恣意的に操作する
ことにより免税事業者となる又は簡易課税制度を選択することができてしま
うという問題もあります。

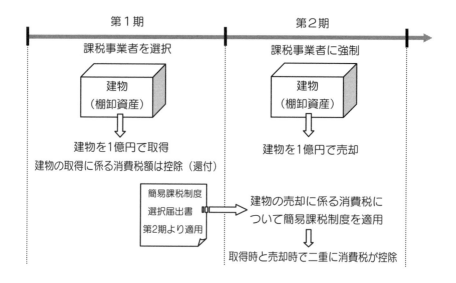

(2)　制度の内容

　課税事業者が、簡易課税制度の適用を受けない課税期間中に、高額特定資産の課税仕入れ又は高額特定資産に該当する課税貨物の保税地域からの引取り（以下、「高額特定資産の仕入れ等」といいます。）を行った場合には、一定の期間について納税義務の免除及び簡易課税制度選択届出書の提出が制限されることとなります（消法12の4①、消法37③三）。

(3)　高額特定資産とは

①　高額特定資産

　高額特定資産とは、棚卸資産又は調整対象固定資産（P 187Ⅲ 6 (4)参照）のうち、その資産の課税仕入れ等に係る支払対価の額(税抜)が、一の取引の単位^(＊)につき1,000万円以上のものをいいます（消令25の5①一）。

　ただし、自ら建設、製作又は製造（以下、「建設等」）をした資産については、下記②により、自己建設高額特定資産に該当する否かを判断します。

（＊）　通常一組又は一式をもって取引の単位とされるものにあっては、一組又は一式

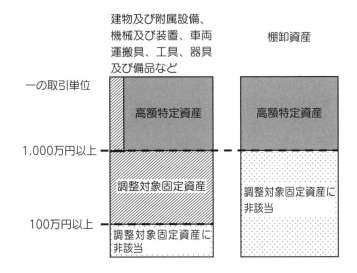

②　自己建設高額特定資産

　自己建設高額特定資産とは、高額特定資産のうち、他の者との契約に基づき自ら建設等をした資産又は事業者の棚卸資産若しくは調整対象固定資産として自ら建設等をした資産であって、その建設等に要した原材料費及び経費に係る支払対価の額（税抜）の合計額が1,000万円以上のものをいいます。

　ただし、支払対価の額から事業者免税点制度や簡易課税制度の適用を受ける課税期間に行ったものは除かれます（消令25の5①二）。

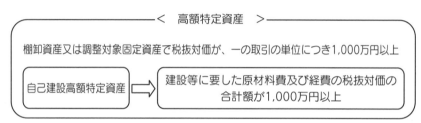

◆コラム：なぜ1,000万円なのか？

　高額特定資産に該当するか否かの金額基準が1,000万円に設定されています。

　では、なぜ1,000万円なのでしょうか。立法担当者によると次のように述べています。「この1,000万円の金額については、経常的に事業を行う中小事業者への影響を極力排除しつつ、事務処理能力等がありその事務負担に配慮する必要がない事業者の恣意的な事業者免税点制度等の適用を制限できる水準として設定されています。具体的には、中小企業実態基本調査において、1,000万円の設備投資は、売上高1億円前後の事業者における平均的な設備投資額であり、経常的に事業を行う売上高5,000万円以下の事業者であれば、この改正の影響を概ね回避できる水準と考えられます。」（出所：改正税法のすべて　平成28年度版）

（4）　免税事業者になることができない期間

　免税事業者になることができない期間は、次の場合の区分に応じ、それぞれの期間となります（消法12の４①）。

①　高額特定資産の仕入れ等を行った場合（自己建設高額特定資産を除く。）

　高額特定資産の仕入れ等の日の属する課税期間の翌課税期間からその高額特定資産の仕入れ等の日の属する課税期間の初日以後３年を経過する日の属する課税期間までの各課税期間

【例１】　設立後一定期間の経過した３月決算法人の場合

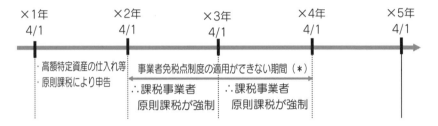

（＊）　×２年３月期に原則課税により申告をした場合、×１年４月１日から×３年３月31日までの期間について、簡易課税制度選択届出書は提出できません。
　　　そのため、×１年３月31日以前に簡易課税制度選択届出書を提出している場合を除き、×３年３月期及び×４年３月期について簡易課税制度も適用できません（Ｐ211Ⅳ６参照）。

【例2】 10月1日に設立した3月決算法人の場合

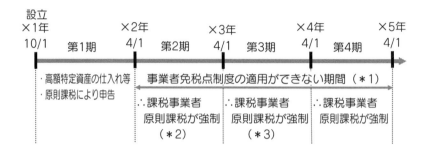

（＊1）　第1期に原則課税により申告をした場合、×1年10月1日から×4年3月31日までの期間について、簡易課税制度選択届出書は提出できません。そのため、第2期、第3期及び第4期は簡易課税制度も適用できません（P211Ⅳ6参照）。

（＊2）　第1期に課税事業者を選択した場合や第2期で新設法人及び特定新規設立法人に該当する場合には、本制度にかかわらず、課税事業者が強制されます（P177Ⅲ5(2)、148Ⅲ2(1)、151Ⅲ3(1)参照）。

（＊3）　第1期で課税事業者を選択した場合には、本制度にかかわらず、課税事業者が強制されます（P177Ⅲ5(2)参照）。

②　自己建設高額特定資産の仕入れ等を行った場合

自己建設高額特定資産の仕入れ等を行った場合に該当することとなった日の属する課税期間の翌課税期間からその自己建設高額特定資産の建設等が完了した日の属する課税期間の初日以後3年を経過する日の属する課税期間までの各課税期間

「自己建設高額特定資産の仕入れ等を行った場合」とは、自己建設高額特定資産の建設等に要した原材料及び経費に係る支払対価の額（税抜）の累計額が1,000万円以上となった場合をいいます（消令25の5②）。

①と異なり、いつ自己建設高額特定資産に該当することとなったのか、また、いつ建設等が完了したのかによって、制限を受ける期間が異なりますので注意が必要です。

【例3】 設立後一定期間の経過した3月決算法人の場合

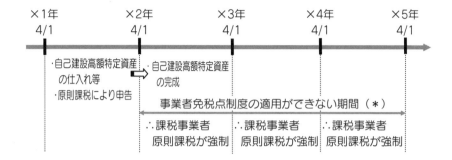

（＊）　×2年3月期に原則課税により申告をした場合、×1年4月1日から×4年3月31日までの期間について、簡易課税制度選択届出書が提出できません。
　　　　そのため、×1年3月31日以前に簡易課税制度選択届出書を提出している場合を除き、×3年3月期、×4年3月期及び×5年3月期について簡易課税制度も適用できません。（P211Ⅳ6参照）

【例4】 10月1日に設立した3月決算法人の場合

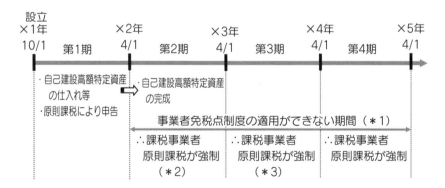

（＊1）　第1期に原則課税により申告をした場合、×1年10月1日から×4年3月31日までの期間について、簡易課税制度選択届出書は提出できません。そのため、第2期、第3期及び第4期は簡易課税制度も適用できません。（P211Ⅳ6参照）

（＊2）　第1期で課税事業者を選択した場合や第2期で新設法人及び特定新規設立法人に該当する場合には、本制度にかかわらず、課税事業者が強制されます（P177Ⅲ5(2)、148Ⅲ2(1)、151Ⅲ3(1)参照）。

（＊3）　第1期で課税事業者を選択した場合には、本制度にかかわらず、課税事業者が強制されます（P177Ⅲ5(2)参照）。

(5)　実務上の注意点

　ご覧頂きましたように、この制度は、必ずしも、法人の設立時における特有のものではありません。

　例えば、当期に高額特定資産を取得し原則課税により申告をした場合には、翌期及び翌々期では、基準期間における課税売上高に関係なく、消費税の納税義務は免除されません。

　また、簡易課税制度選択届出書の提出も制限されるため、簡易課税の適用もできなくなります。

　これは、事業者が消費税の還付を受けることや控除額を増やすことを意図としているかどうかは関係ありません。

　そのため、高額特定資産の仕入れ等を行った事業年度では、翌期以降、消費税の取扱いを十分に確認する必要があります。

(6)　高額特定資産の取得に係る課税事業者である旨の届出書

　この届出書は、高額特定資産の仕入れ等を原則課税により申告した事業者が、免税事業者になることができない期間において、基準期間の課税売上高が1,000万円以下となった場合には、速やかに、所轄税務署長に、「高額特定資産の取得に係る課税事業者である旨の届出書」を提出しなければなりません（消法57①二の二、消規26①三）。

第5－(2)号様式

高額特定資産の取得等に係る課税事業者である旨の届出書

収受印

令和　　年　　月　　日	届 出 者	（フリガナ）	
		納　税　地	（〒　　－　　） （電話番号　　　－　　　－　　　）
		（フリガナ）	
		氏 名 又 は 名 称 及 び 代 表 者 氏 名	
＿＿＿＿＿税務署長殿		法 人 番 号	※　個人の方は個人番号の記載は不要です。

　　下記のとおり、消費税法第12条の4第1項又は第2項の規定の適用を受ける課税期間の基準期間の課税売上高が1,000万円以下となったので、消費税法第57条第1項第2号の2の規定により届出します。

届 出 者 の 行 う 事 業 の 内 容	

この届出の適用 対象課税期間	※消費税法第12条の4第1項又は第2項の規定が適用される課税期間で基準期間の課税売上高が1,000万円以下となった課税期間を記載してください。 自 令和　　年　　月　　日　　　　至 令和　　年　　月　　日

上記課税期間の 基 準 期 間	自 平成 　　令和　　年　月　日 至 平成 　　令和　　年　月　日	左記期間の 課税売上高	円

該当する資産の 区　分　等 ［ 該当する資産の区分 に応じて記載してくだ さい。］	□ ①高額特定資産 　（②に該当するものを除く）	高額特定資産の仕入れ等の日	高額特定資産の内容
		平成 令和　　年　月　日	
	□ ②自己建設高額特定資産	自己建設高額特定資産の仕入れ等を行った場合に該当することとなった日	
		平成 令和　　年　月　日	
		建設等の完了予定時期	自己建設高額特定資産の内容
		平成 令和　　年　月　日	
	※消費税法第12条の4第2項の規定による場合は、次のとおり記載してください。 1 「高額特定資産の仕入れ等の日」及び「自己建設高額特定資産の仕入れ等を行った場合に該当することとなった日」は、「消費税法第36条第1項又は第3項の規定の適用を受けた課税期間の初日」と読み替える。 2 「自己建設高額特定資産」を、「調整対象自己建設高額資産」と読み替える。		

参 考 事 項	

税 理 士 署 名	（電話番号　　　－　　　－　　　）

※ 税 務 署 処 理 欄	整理番号		部門番号		番号確認		
	届出年月日	年　月　日	入力処理	年　月　日	台帳整理	年　月　日	

注意　1．裏面の記載要領等に留意の上、記載してください。
　　　2．税務署処理欄は、記載しないでください。

◆コラム：居住用賃貸建物に係る課税仕入れ等

　納税義務の免除や簡易課税制度の選択を制限しても、課税売上高を意図的に創出することにより、居住用賃貸建物を取得したときに係る消費税額を調整せずに済ませることが可能です。

　そこで、令和 2 年度税制改正により、令和 2 年10月 1 日以後、事業者が国内において行う居住用賃貸建物の取得等に係る課税仕入れ等については仕入税額控除ができなくなりました（＊）。

　居住用賃貸建物とは、住宅の貸付けの用に供しないことが明らかな建物（その付属設備を含みます。）以外の建物で高額特定資産又は調整対象自己建設高額資産に該当するものをいいます（消法30⑩）。

　なお、居住用賃貸建物の仕入れ等の日から第 3 年度課税期間までの間に、その居住用賃貸建物を住宅の貸付け以外の貸付けの用に供した場合または譲渡した場合には、その仕入税額控除の対象とならなかった税額を一定の方法により調整することとなります（消法35の 2 ）。

　第 3 年度の課税期間とは、居住用賃貸建物の仕入れ等の日の属する課税期間の開始の日から 3 年を経過する日の属する課税期間をいいます。

（＊）　令和 2 年 3 月31日までに締結した契約に基づき令和 2 年10月 1 日以後に居住用賃貸建物の課税仕入れ等を行った場合には、この規定の適用はありません（令和 2 年改正法附則44①、②）。

Ⅳ 簡 易 課 税 制 度

1 簡易課税制度の概要

　簡易課税制度は、その課税期間における課税標準額に対する消費税額に基づき、仕入控除税額を計算し、納税額を算出する方法です（消法37）。

　仕入控除税額よりも事業者が支払った消費税額が少なければ、その差額は益税となります。

　反対に、事業者が支払った消費税額が多ければ、その差額は事業者の損失になってしまいます。

　簡易課税は、預かった消費税から概算で仕入控除税額を計算しますので、還付になることはありません（＊1）。

　ですから、課税事業者選択適用届出書を提出した事業者が、設立第1期において、簡易課税を選択することはないと考えられます（＊2）。

　一方、新設法人及び特定新規設立法人に該当する場合には、設立第1期から簡易課税を選択することが考えられます。

（＊1）　中間納付額の控除不足額の還付を除きます。

（＊2）　適格請求書発行事業者の登録を受けるために課税事業者選択適用届出書を
　　　　提出する場合には、簡易課税を選択することも考えられます。

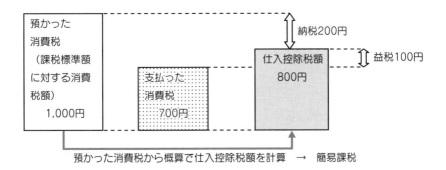

預かった消費税から概算で仕入控除税額を計算　→　簡易課税

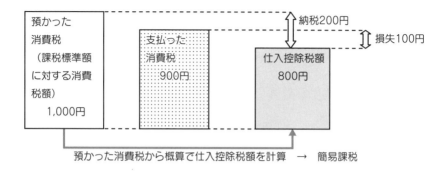

預かった消費税から概算で仕入控除税額を計算　→　簡易課税

2　対象事業者

　簡易課税の対象事業者は、課税事業者のうち、基準期間における課税売上高が5,000万円以下で、かつ、「消費税簡易課税制度選択届出書」（以下、「簡易課税制度選択届出書」）を所轄税務署長に提出している事業者です（消法37①）。

3　簡易課税制度選択届出書の効力

　簡易課税制度選択届出書の効力は、原則、その提出があった日の属する課税期間の翌課税期間以後の課税期間から発生します（消法37①、消令56①一、消基通13-1-5）。

　ですから、原則、適用しようとする事業年度開始の日前までに届出書を提出しなければなりません。

　特例として、国内において課税資産の譲渡等に係る事業を開始した日の属する課税期間などの場合には、その届出書の提出があった日の属する課税期間から簡易課税制度を選択することができます。

　すなわち、新たに設立した法人が第1期において、「簡易課税制度選択届

出書」を提出した場合には、簡易課税を第1期から採用するか又は第2期から採用するかを選ぶこととなります。

【例】原　則

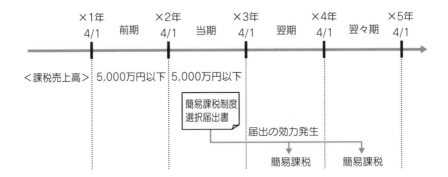

【例】特　例

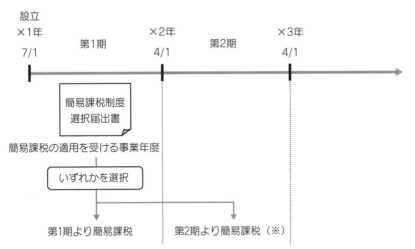

（※）第1期において、調整対象固定資産又は高額特定資産を取得し、原則課税により消費税の申告書を提出した場合には、別途、「簡易課税制度選択届出書」の提出が制限され、また、課税事業者の強制される期間が延びます。

第9号様式

消費税簡易課税制度選択届出書

収受印			
令和　年　月　日	届出者	（フリガナ）	
		納税地	（〒　　−　　　） （電話番号　　　−　　　−　　　）
		（フリガナ）	
		氏名又は名称及び代表者氏名	
＿＿＿＿税務署長殿		法人番号	※個人の方は個人番号の記載は不要です。

下記のとおり、消費税法第37条第1項に規定する簡易課税制度の適用を受けたいので、届出します。

☐ 消費税法施行令等の一部を改正する政令（平成30年政令第135号）附則第18条の規定により消費税法第37条第1項に規定する簡易課税制度の適用を受けたいので、届出します。

①	適用開始課税期間	自　令和　年　月　日　至　令和　年　月　日
②	①の基準期間	自　令和　年　月　日　至　令和　年　月　日
③	②の課税売上高	円

事業内容等	（事業の内容）	（事業区分） 第　　種事業

提出要件の確認	次のイ、ロ又はハの場合に該当する （「はい」の場合のみ、イ、ロ又はハの項目を記載してください。）		はい ☐　いいえ ☐	
	イ　消費税法第9条第4項の規定により課税事業者を選択している場合	課税事業者となった日	令和　年　月　日	
		課税事業者となった日から2年を経過する日までの間に開始した各課税期間中に調整対象固定資産の課税仕入れ等を行っていない		はい ☐
	ロ　消費税法第12条の2第1項に規定する「新設法人」又は同法第12条の3第1項に規定する「特定新規設立法人」に該当する（該当していた）場合	設立年月日	令和　年　月　日	
		基準期間がない事業年度に含まれる各課税期間中に調整対象固定資産の課税仕入れ等を行っていない		はい ☐
	ハ　消費税法第12条の4第1項に規定する「高額特定資産の仕入れ等」を行っている場合（同条第2項の規定の適用を受ける場合） 仕入れ等を行った資産が高額特定資産に該当する場合はAの欄を、自己建設高額特定資産に該当する場合は、Bの欄をそれぞれ記載してください。	A	仕入れ等を行った課税期間の初日	令和　年　月　日	
			この届出による①の「適用開始課税期間」は、高額特定資産の仕入れ等を行った課税期間の初日から、同日以後3年を経過する日の属する課税期間までの各課税期間に該当しない		はい ☐
		B	仕入れ等を行った課税期間の初日	平成 令和　年　月　日	
			建設等が完了した課税期間の初日	令和　年　月　日	
			この届出による①の「適用開始課税期間」は、自己建設高額特定資産の建設等に要した仕入れ等に係る支払対価の額の累計額が1千万円以上となった課税期間の初日から、自己建設高額特定資産の建設等が完了した課税期間の初日以後3年を経過する日の属する課税期間までの各課税期間に該当しない		はい ☐

※ 消費税法第12条の4第2項の規定による場合は、ハの項目を次のとおり記載してください。
1「自己建設高額特定資産」を「調整対象自己建設高額資産」と読み替える。
2「仕入れ等を行った」「消費税法第36条第1項又は第3項の規定の適用を受けた」と、「消費税法第36条第1項又は第3項の規定の適用を受けた」は、「調整対象自己建設高額資産の建設等に要した仕入れ等に係る支払対価の額の累計額が1千万円以上となった」と読み替える。

※ この届出書を提出した課税期間が、上記イ、ロ又はハに記載の各課税期間である場合、この届出書提出後、届出を行った課税期間中に調整対象固定資産の課税仕入れ等又は高額特定資産の仕入れ等を行うと、原則としてこの届出書の提出はなかったものとみなされます。詳しくは、裏面をご確認ください。

参考事項	
税理士署名	（電話番号　　　−　　　−　　　）

※税務署処理欄	整理番号		部門番号					
	届出年月日	年　月　日	入力処理	年　月　日	台帳整理	年　月　日		
	通信日付印 年　月　日	確認	番号確認					

注意　1．裏面の記載要領等に留意の上、記載してください。
　　　2．税務署処理欄は、記載しないでください。

4　簡易課税制度の選択不適用

　簡易課税を選択した事業者が、簡易課税の適用を受けることをやめようとする場合には、「消費税簡易課税制度選択不適用届出書」（以下、「簡易課税制度選択不適用届出書」といいます。）を所轄税務署長に提出しなければなりません（消法37⑤⑥⑦、消基通13-1-3）。

　「簡易課税制度選択不適用届出書」の提出があったときは、その提出した日の属する課税期間の末日の翌日以後は、「簡易課税制度選択届出書」は、その効力が失われます。

　ただし、「簡易課税制度選択不適用届出書」は、事業を廃止した場合を除き、簡易課税制度の適用を開始した課税期間の初日から2年を経過する日の属する課税期間の初日以後でなければ提出することができません。

　いわゆる「2年縛り」と呼ばれる制度です。

　また、下図のように、いったん、免税事業者や原則課税になったとしても、「簡易課税制度選択不適用届出書」を提出しない限り、「簡易課税制度選択届出書」の効力が続きますので注意が必要です。

【例】

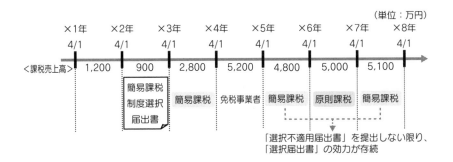

◆コラム：簡易課税の適用判断

　簡易課税の対象事業者は、その事業年度において、原則課税で申告をした方が有利であっても、簡易課税により申告をしなければなりません。

　つまり、事業者がその事業年度において、有利選択はできないのです。

　「簡易課税制度選択届出書」及び「簡易課税制度選択不適用届出書」の効力は、原則、その届出書を提出した日の属する課税期間の翌課税期間から生じます。

　そのため、定期的に、次年度以降の事業計画や設備投資計画をよく検討した上で、簡易課税を選択する又はしない判断をすることが重要です。

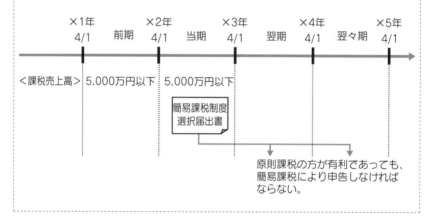

第25号様式

消費税簡易課税制度選択不適用届出書

収受印			
令和　年　月　日	届出者	（フリガナ）	
		納　税　地	（〒　　－　　） （電話番号　　－　　－　　）
		（フリガナ）	
		氏 名 又 は 名 称 及 び 代 表 者 氏 名	
＿＿＿＿＿税務署長殿		法 人 番 号	※ 個人の方は個人番号の記載は不要です。

下記のとおり、簡易課税制度をやめたいので、消費税法第37条第5項の規定により届出します。

①	この届出の適用 開 始 課 税 期 間	自 平成 令和　年　月　日　至 平成 令和　年　月　日
②	①の基準期間	自 平成 令和　年　月　日　至 平成 令和　年　月　日
③	②の課税売上高	円
簡易課税制度の 適 用 開 始 日		平成 令和　　年　　月　　日
事 業 を 廃 止 し た 場合の廃止した日	個 人 番 号 ※ 事業を廃止した場合には記載 してください。	平成 令和　　年　　月　　日
参 考 事 項		
税 理 士 署 名		（電話番号　　－　　－　　）

※税務署処理欄	整理番号		部門番号					
	届出年月日	年　月　日	入力処理	年　月　日		台帳整理	年　月　日	
	通信日付印 確認 年　月　日		番号確認		身元確認 □ 済 □ 未済	確認書類	個人番号カード／通知カード・運転免許証 その他（　　　　）	

注意　1．裏面の記載要領等に留意の上、記載してください。
　　　2．税務署処理欄は、記載しないでください。

5　調整対象固定資産の仕入れ等を行った場合の届出書の提出制限

(1)　制 度 の 趣 旨

　この制度は、P182Ⅲ6 (1) と同様に、非課税取引用の建物建築時に係る消費税を控除（還付）させないために、平成22年度税制改正において創設されました（消法37③一、二）。

(2)　制度の対象となる事業者

　この制度の対象となる事業者は、次の事業者が該当します。

①　課税事業者選択届出書を提出した事業者

②　新設法人及び特定新規設立法人

(3)　制 度 の 内 容

　次の①又は②に該当する場合には、調整対象固定資産の仕入れ等を行った課税期間の初日から3年を経過する日の属する課税期間の初日以後でなければ、「簡易課税制度選択届出書」を提出することはできません。

①　**課税事業者選択届出書を提出した事業者で、次のイ及びロに該当する場合**

　　イ　「課税事業者選択届出書」の提出により、初めて課税事業者となった課税期間の初日から2年を経過する日までの間に開始した各課税期間中に、調整対象固定資産の仕入れ等を行った場合

　　ロ　その調整対象固定資産の仕入れ等を行った課税期間につき原則課税により申告する場合（簡易課税制度の適用を受けない場合）

　したがって、例えば、第1期において、課税事業者選択届出書を提出し、原則課税により申告を行い、そして、第2期以降、簡易課税の適用を受けたい場合には、第1期において調整対象固定資産の仕入れ等を行うかどうかにより、第2期以降の取扱いが異なってきます。

【例】

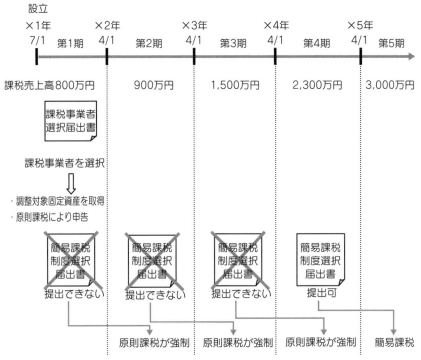

（＊）第3期及び第4期は、消費税法第9条第7項により課税事業者選択不適用届出書の提出が制限されていますので、課税事業者が強制されます。

② **新設法人又は特定新規設立法人で、次のイ及びロに該当する場合**

　イ　基準期間がない事業年度に含まれる各課税期間中に、調整対象固定資産の仕入れ等を行った場合

　ロ　その調整対象固定資産の仕入れ等を行った課税期間につき原則課税で申告する場合（簡易課税制度の適用を受けない場合）

【例】

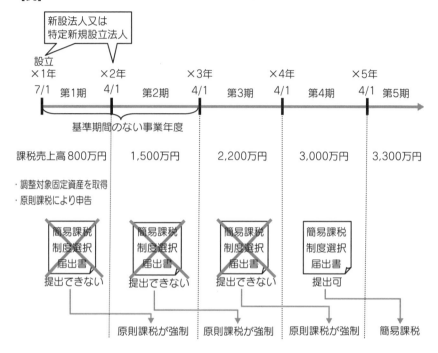

（＊）第3期及び第4期は、消費税法第12条の2第2項又は消費税法第12条の3第3項により課税事業者が強制されます。

◆コラム：調整対象固定資産を売却等した場合

　P189のコラムと同様に、事業者が調整対象固定資産の仕入れ等を行った後にその調整対象固定資産を廃棄、売却等により処分したとしても、消費税法第37条第2項の規定は継続して適用されます（消基通13-1-4の3）。

◆コラム：新設法人又は特定新規設立法人が事業を開始等した課税期間から
**　　　　　簡易課税の適用を受ける場合等**

　簡易課税制度選択届出書の提出の制限は、一定の課税期間において、調整対象固定資産の仕入れ等を行い、原則課税により申告をする場合に適用されます。

　したがって、簡易課税により申告をする場合や調整対象固定資産の仕入れ等を行わない場合には、この制限はありません。

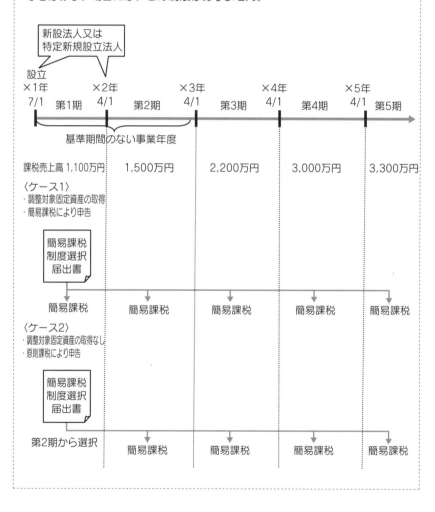

◆**コラム：第2期目に簡易課税制度選択届出書を提出した後、調整対象固定資産を取得した場合**

　節税を意図していなくても、簡易課税制度選択届出書の提出が制限される可能性がありますので注意が必要です（消法37③、消基通13-1-4の2）。

　下図のように、第2期において、簡易課税制度選択届出書を提出した後、調整対象固定資産の仕入れ等を行った場合には、その届出書の提出はなかったものとみなされます。

　第1期において、課税事業者選択届出書を提出して課税事業者となる場合には、このようなケースは少ないかもしれません。

　しかしながら、新設法人や特定新規設立法人では、起こりうる可能性があります。

　いずれにしても、事業計画や設備投資計画を十分に検討し、税額のシミュレーションをすることが重要です。

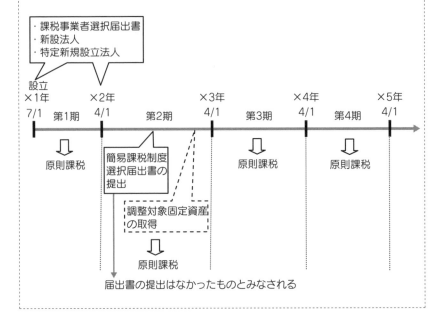

6　高額特定資産の仕入れ等を行った場合の届出書の提出制限

(1)　制度の趣旨

この制度は、P 189 Ⅲ 7 (1)と同様に、簡易課税制度の趣旨を逸脱するような場合について、簡易課税制度の適用をさせないために、平成28年度税制改正において新たに設けられました。

(2)　制度の内容

この制度の対象となる事業者は、P 191 Ⅲ 7 (2)の場合と同様です。

すなわち、課税事業者が、簡易課税制度の適用を受けない課税期間中に、高額特定資産の課税仕入れ又は高額特定資産に該当する課税貨物の保税地域からの引取り（以下、「高額特定資産の仕入れ等」といいます。）を行った場合には、一定の期間について納税義務の免除及び簡易課税制度選択届出書の提出が制限されることとなります（消法12の4、消法37③三）。

（高額特定資産については、P 191 Ⅲ 7 (3)参照）

(3)　簡易課税制度選択届出書を提出することができない期間

簡易課税制度選択届出書を提出することができない期間は、次の場合の区分に応じ、それぞれの期間となります（消法37③三）。

①　高額特定資産の仕入れ等の場合（自己建設高額特定資産を除く。）

高額特定資産の仕入れ等の日の属する課税期間の初日から同日以後 3 年を経過する日の属する課税期間の初日の前日までの期間

【例1】 設立後一定期間の経過した3月決算法人の場合

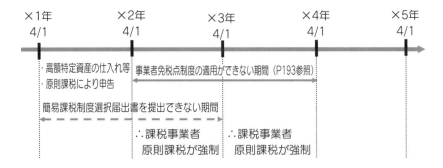

【例2】 10月1日に設立した3月決算法人の場合

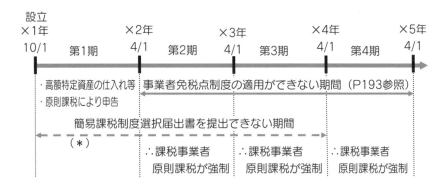

（＊）　第1期から簡易課税制度の適用を受ける場合には、簡易課税制度選択届出書を提出することができます。（消法37③、消令56②）。

　　　　一方、第1期において、簡易課税制度選択届出書を提出した後に、高額特定資産の仕入れ等を行い、原則課税により申告をした場合には、その届出書の提出はなかったものとみなされます（消法37④）。

②　自己建設高額特定資産の仕入れ等を行った場合

　自己建設高額特定資産の仕入れ等を行った場合に該当することとなった日の属する課税期間の初日からその自己建設高額特定資産の建設等が完了した日の属する課税期間の初日以後3年を経過する日の属する課税期間の初日の前日までの期間

「自己建設高額特定資産の仕入れ等を行った場合」とは、自己建設高額特定資産の建設等に要した原材料及び経費に係る支払対価の額（税抜）の<u>累計額</u>が1,000万円以上となった場合をいいます（消令25の5②）。

①と異なり、いつ自己建設高額特定資産に該当することとなったのか、また、いつ建設等が完了したのかによって、制限を受ける期間が異なりますので注意が必要です。

【例3】 設立後一定期間の経過した3月決算法人の場合

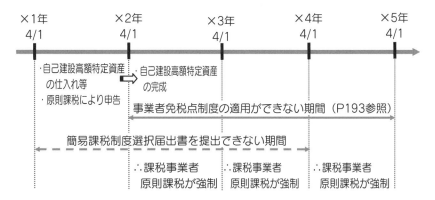

【例4】 10月1日に設立した3月決算法人の場合

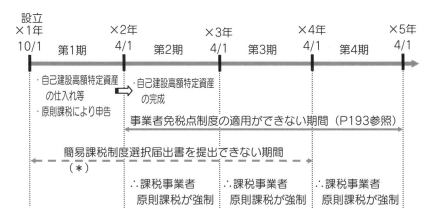

（＊） 第1期から簡易課税制度の適用を受ける場合には、簡易課税制度選択届出書を提出することができます（消法37③、消令56②）。

一方、第1期において、簡易課税制度選択届出書を提出した後に、自己建設高額特定資産の仕入れ等を行い、原則課税により申告をした場合には、その届出書の提出はなかったものとみなされます（消法37④）。

V　請求書等の記載

　令和元年10月１日より、消費税の標準税率が10％に引き上げられると共に、酒類、外食を除く飲食料品や週２回以上発行される新聞（＊）については8％の軽減税率が導入されました。

　複数税率の下で前段階税額控除の仕組みを適正に機能させるために、請求書等保存方式から区分記載請求書等保存方式へ移行した上で、令和５年10月１日より、適格請求書等保存方式、いわゆるインボイス方式が導入されます。

（＊）　定期購読契約に基づくものに限ります。

　・令和元年10月１日から令和５年９月30日まで

　　　→　区分記載請求書等保存方式

　・令和５年10月１日以降

　　　→　適格請求書等保存方式〈インボイス方式〉

令和元年 10/1	令和5年 10/1	
請求書等保存方式	区分記載請求書等保存方式	適格請求書等保存方式

1　仕入税額控除の要件が変わる

　現行の制度では、課税事業者が支払った消費税について税額控除するためには、原則、帳簿及び区分記載請求書等の保存が必要です（消法30⑦⑧⑨）。

　区分記載請求書等には、発行者の氏名又は名称、取引の年月日、受領者の氏名又は名称、取引の内容（軽減税率の対象品目である旨）と対価の額を記載しなければなりません。

　このとき、取引の相手方が課税事業者であるか否かは関係なく、また、対価の額は、税率ごとに区分して合計した税込対価の額を記載すれば問題ありません。

　しかしながら、令和5年10月1日以降、仕入税額控除の要件は、適格請求書等の保存が必要となります。

2　区分記載請求書等保存方式

　令和元年10月1日以降、消費税率が複数となることから、課税仕入れ等に係る取引内容及び対価について税率の異なるごとに区分して経理しなければなりません。

　令和元年10月1日から令和5年9月30日までの間は、仕入税額控除の要件として、原則、税率の区分を明確にするための記載事項が追加された帳簿及び区分記載請求書等の保存が必要となります。

　請求書等保存方式と区分記載請求書等保存方式を比較した場合の相違点は次の点です。

・帳簿で標準税率と軽減税率を区分して、軽減税率の対象品目である旨を記載すること

・請求書等で税率ごとに区分して合計した税込対価の額と軽減税率の対象品目である旨を記載すること

　基本的に、区分記載請求書等保存方式は請求書等保存方式を維持したものになっています。

　そのため、課税仕入れを行う事業者は取引の相手方が課税事業者であるか否かは関係なく、仕入税額控除をすることができます。

　一方、軽減税率の対象品目を販売する免税事業者（売上側）が課税事業者（仕入側）と取引を行う場合には、課税事業者から区分記載請求書等の発行を求められることが考えられます。

　仮に、請求書等で税率を区分した記載がない場合には、交付を受けた課税事業者が取引の事実に基づき、その請求書等に追記することができます。

〈区分記載請求書等保存方式による記載事項〉

帳簿の記載事項

① 課税仕入れの相手方の氏名又は名称

② 課税仕入れを行った年月日

③ 課税仕入れに係る資産又は役務の内容

（軽減対象資産の譲渡等に係るものである旨）

④ 課税仕入れに係る支払対価の額

【帳簿の記載例】

総勘定元帳（仕入）　　（税込経理）

××年 月 日		摘要		税区分	借方 （円）
11	30	△△商事㈱	11月分 日用品	10%	88,000
11	30	△△商事㈱	11月分 食料品	8%	43,200
②		①	③		④

区分記載請求書の記載事項

① 区分記載請求書等発行者の氏名又は名称

② 課税資産の譲渡等を行った年月日

③ 課税資産の譲渡等に係る資産又は役務の内容

（軽減対象資産の譲渡等である旨）

④ 税率ごとに区分して合計した課税資産の譲渡等の対価の額（税込み）

⑤ 書類の交付を受ける事業者の氏名又は名称

請求書　　　　　　　　△△商事㈱ ①

⑤ ㈱○○御中　　　　　　　　××年11月30日

11月分　131,200円（税込）

日付	品名	金額
11/1	魚(8%)	5,400円
11/1	牛肉(8%)	10,800円
11/2	キッチンペーパー	2,200円
…	…	…
	合計	131,200円
	10%対象	88,000円
	8%対象	43,200円

出所：国税庁「消費税軽減税率制度の手引き」

◆コラム：改正前の消費税率8％と軽減税率の8％

　標準税率が10％になる前の税率は8％です。そして、軽減税率による税率も8％です。

　ただし、経過措置が適用される改正前の税率8％と軽減税率の8％は、帳簿で区分しておく必要があります。

　なぜなら、国税と地方税の内訳が異なるからです。

　改正前の8％の内訳は、国税6.3％と地方税1.7％です。

　これに対し、軽減税率の8％の内訳は、国税6.24％と地方税1.76％となります。

　ですから、これらを帳簿で区分しないと消費税の申告書をスムーズに作成することができません。

	令和元年9月30日まで	令和元年10月1日以降	
	税率	標準税率	軽減税率
国税	6.3%	7.8%	6.24%

$$\Downarrow \times \frac{17}{63} \qquad \Downarrow \times \frac{22}{78} \qquad \Downarrow \times \frac{22}{78}$$

地方税	1.7%	2.2%	1.76%
合計	8%	10%	8%

3　適格請求書等保存方式〈インボイス方式〉

(1)　適格請求書等保存方式の概要

　令和5年10月1日以降、仕入税額控除の要件として、原則、帳簿及び適格請求書等の保存が必要となります。

　適格請求書等は取引の相手方に対して税率と消費税額を正しく伝えるための書類で、請求書、納品書その他これらに類する書類をいいます。

　この適格請求書等を交付できるのは、適格請求書発行事業者に限定されます。

　適格請求書発行事業者となるためには、所轄税務署長に「適格請求書発行事業者の登録申請書」（以下、「登録申請書」といいます。）を提出し、登録を受ける必要があります（＊1）（新消法57の2①）。

　このとき、課税事業者でなければ登録を受けることができません（＊2）。

　課税事業者が自動的に適格請求書発行事業者に該当するわけではありませんので注意が必要です。つまり、適格請求書発行事業者に登録するか否かは、事業者の任意となります。

　登録を受けると、事業者の氏名や登録番号などが適格請求書発行事業者登録簿に登載され、国税庁のホームページで公表されます。

　仕入側の課税事業者からみてみると、取引の相手方が適格請求書発行事業者でなければ仕入税額控除をすることができません。そのため、登録を受けていない事業者との取引を敬遠してしまう可能性も考えられます。

　ですから、事業者の事業内容をよく検討した上で、登録するか否かの判断が必要となります。

（＊１）　登録申請書は、令和３年10月１日から提出することができます。令和５年10月１日に登録を受けようとする事業者は、原則、令和５年３月31日までに登録申請書を所轄税務署長に提出する必要があります。

（＊２）　免税事業者の登録について、登録日が令和５年10月１日から令和11年９月30日までの日の属する課税期間中である場合には、課税事業者選択届出書の提出は不要とされ、登録日から課税事業者となる経過措置が設けられています。

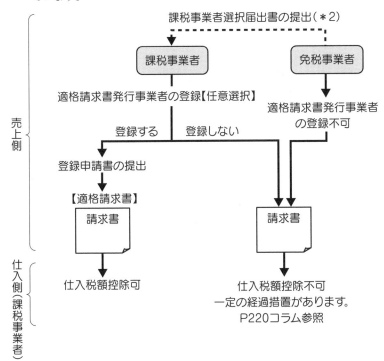

　適格請求書等には、発行する事業者の登録番号の記載が必須となります。

　また、小売業、飲食業、タクシー業等の不特定多数の者に対して課税資産の譲渡等を行う事業に係るものであるときは、適格請求書等に代えて、記載事項を簡易なものとした適格簡易請求書等を発行することができます。

　一方、適格請求書発行事業者以外の事業者は、適格請求書等又は簡易適格請求書等であると誤認されるおそれのある表示をした書類を発行することは禁止されています（新消法57の5）。

◆コラム：免税事業者等からの課税仕入れに係る経過措置

　適格請求書等保存方式の導入後は、原則、適格請求書発行事業者以外の者からの課税仕入れ等に係る消費税を控除することができなくなります。

　ただし、経過措置として、区分記載請求書等と同様の事項が記載された請求書等を保存し、帳簿に経過措置の適用を受ける旨が記載されている場合には、一定の期間について一定の割合を仕入税額として控除することができます。

〈経過措置〉

一定の期間	一定の割合
令和5年10月1日から令和8年9月30日まで	仕入税額相当額の80%
令和8年10月1日から令和11年9月30日まで	仕入税額相当額の50%

○適格請求書等と適格簡易請求書等の記載事項

	適格請求書等	適格簡易請求書等
1	適格請求書発行事業者の氏名又は名称及び登録番号	
2	取引年月日	
3	取引内容（軽減税率の対象品目である場合はその旨）	
4	税率ごとに合計した対価の額（税抜又は税込）及び適用税率	税率ごとに合計した対価の額（税抜又は税込）
5	税率ごとに区分した消費税額等	適用税率又は税率ごとに区分した消費税額等のいずれか一方の記載
6	書類の交付を受ける事業者の氏名又は名称を記載	記載要件なし

適格請求書
① 適格請求書発行事業者の氏名又は名称及び登録番号
② 取引年月日
③ 取引内容（軽減税率の対象品目である旨）
④ 税率ごとに区分して合計した対価の額（税抜き又は税込み）及び適用税率
⑤ 税率ごとに区分した消費税額等（端数処理は一請求書当たり、税率ごとに1回ずつ）
⑥ 書類の交付を受ける事業者の氏名又は名称

適格簡易請求書※
① 適格請求書発行事業者の氏名又は名称及び登録番号
② 取引年月日
③ 取引内容（軽減税率の対象品目である旨）
④ 税率ごとに区分して合計した対価の額（税抜き又は税込み）
⑤ 税率ごとに区分した消費税額等（端数処理は一請求書当たり、税率ごとに1回ずつ）又は適用税率
※ 不特定多数の者に対して販売等を行う小売業、飲食店業、タクシー業等の取引について、交付することができます。

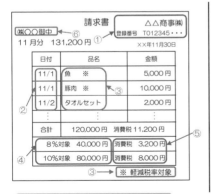

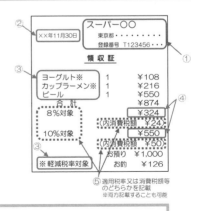

適格請求書及び適格簡易請求書の様式
　適格請求書及び適格簡易請求書の様式は、法令等で定められていません。
　適格請求書又は適格簡易請求書として必要な事項が記載されたもの（請求書、納品書、領収書、レシート等）であれば、名称を問わず、また、手書きであっても、適格請求書又は適格簡易請求書に該当します。

出所：国税庁「消費税軽減税率制度の手引き」

(2)　適格請求書に記載する消費税額等の端数処理

　適格請求書の記載事項である税率ごとに区分した消費税額等は、一の適格請求書につき、税抜価額又は税込価額を税率の異なるごとに区分して、それぞれ1回の端数処理を行います（新消令70の10、インボイス通達3-12）。

　端数処理は、事業者の任意で切上げ、切捨て、四捨五入を行うことができます。

　ですから、一の適格請求書に記載された個々の商品ごとに消費税等を計算し、端数処理を行うことはできませんので、注意が必要です。

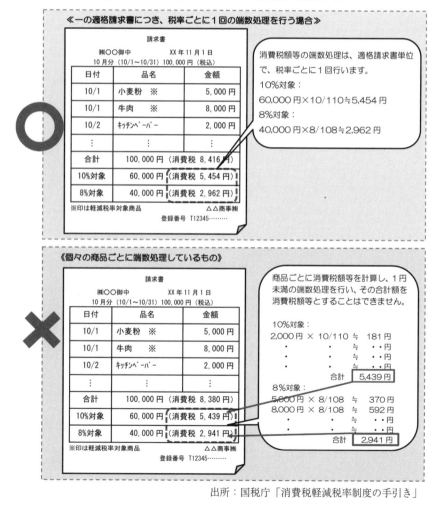

出所：国税庁「消費税軽減税率制度の手引き」

(3)　帳簿のみの保存で仕入税額控除が認められる場合

　適格請求書等の交付を受けることが困難な取引については、例外として、帳簿のみの保存で仕入税額控除をすることが認められます（新消令49①一）。

　困難な取引は、次の取引が該当します。

①　適格請求書の交付義務が免除される次の取引

　イ　公共交通機関である船舶、バス又は鉄道による旅客の運送（３万円未満のものに限ります。）

　ロ　自動販売機や自動サービス機（コインロッカーやコインランドリー等）により行われる課税資産の譲渡等（３万円未満のものに限ります。）

　ハ　郵便切手を対価とする郵便サービス（郵便ポストに差し出されたものに限ります。）

②　適格簡易請求書の記載事項（取引年月日を除きます。）を満たす入場券等が、使用の際に回収される取引

③　古物営業、質屋又は宅地建物取引業を営む事業者が適格請求書発行事業者でない者から棚卸資産を購入する取引

④　適格請求書等発行事業者でない者から再生資源又は再生部品（棚卸資産に限ります。）を購入する取引

⑤　従業員等に支給する通常必要と認められる出張旅費、宿泊費、日当及び通勤手当等に係る課税仕入れ

　したがって、例えば、古物営業や不動産販売業を営む課税事業者は、棚卸資産である課税仕入れの相手方が適格請求書発行事業者でない消費者であっても、課税仕入れに係る税額を控除することができます。

　ちなみに、現行では、課税仕入れに係る支払対価の額の合計額が３万円未満の場合や請求書等の交付を受けなかったことについてやむを得ない理由がある場合には、帳簿の保存だけで仕入税額控除が認められています。

　しかしながら、適格請求書等保存方式が導入されたときには、この規定は廃止されます。

(4)　登録申請書の提出から登録の通知を受けるまでの流れ

①　適格請求書発行事業者の登録を受けようとする事業者が納税地の所轄税務署長に登録申請書を提出します。登録申請書は、e-Tax を利用して提出することができます。(https://www.nta.go.jp/taxes/shiraberu/zeimokubetsu/shohi/keigenzeiritsu/invoice_shinei.htm)

　一方、郵送による場合の送付先は、各国税局（所）のインボイス登録センターとなります。(https://www.nta.go.jp/taxes/shiraberu/zeimokubetsu/shohi/keigenzeiritsu/invoice_yuso.htm)

　登録申請書の様式は、国外事業者以外の事業者と国外事業者に区分され、さらに、免税事業者の経過措置に対応するため申請書を提出する時期に応じて設けられています。

　国外事業者以外の事業者の場合の申請書の様式は下記のとおりで、いずれの様式も2頁で構成されています。

登録申請書の提出時期	登録申請書の様式
令和3年10月1日から令和5年9月30日までの間	第1-(1)号様式【P226】
令和5年10月1日から令和12年9月29日までの間	第1-(3)号様式【P228】
令和12年9月30日以後	第1-(5)号様式【P230】

②　登録申請書の提出を受けた税務署長は、事業者が登録拒否要件（＊1）に該当しない場合には、適格請求書発行事業者登録簿に法定事項を登載して登録を行います。適格請求書発行事業者の情報は、「国税庁適格請求書発行事業者公表サイト」(https://www.invoice-kohyo.nta.go.jp)で、下記の事項が公表されます。

　・登録番号（法人の場合、T法人番号）
　・事業者の氏名又は名称
　・登録年月日
　・法人の場合、本店又は主たる事務所の所在地
　・登録取消年月日、登録失効年月日

（＊１）　特定国外事業者以外の事業者の場合の登録拒否要件は、事業者が消費税
法の規定に違反して罰金刑以上の刑に処せられ、その執行を終わり、又は
失効を受けることがなくなった日から２年を経過していない者であること
や納税管理人を定める必要のある事業者が納税管理人を定めていない場合
が該当します。

③　登録を行った税務署長は、事業者に対して、登録年月日（登録日）、登
録番号、氏名が記載された登録通知書を送付します。

また、登録申請書の提出が e-Tax により行われた場合には、登録通知
を電子データで受け取ることを選択することができます。

ちなみに、令和５年10月１日より前に登録の通知を受けた場合であって
も、登録の効力は、登録日である令和５年10月１日に生じます。

④　事業者は、登録通知書に記載された登録日から、適格請求書発行事業者
となります。

登録日から登録通知書を受領するまで間に発行した請求書等は、登録通
知書を受領した後、適格請求書等の記載要件を満たした請求書等を改めて
相手方に交付するか、記載要件が不足している事項を相手方に書面などで
通知すればよいこととなっています（インボイス通達２−４）。

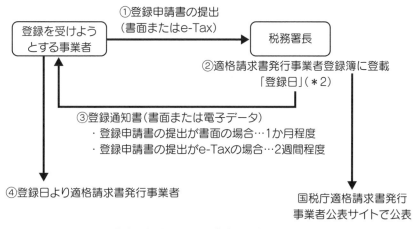

（＊２）　登録日は、特定の場合を除き、事業者が指定することはできません。
特定の場合は、適格請求書等保存方式の制度開始日から登録を受ける場合、
免税事業者が経過措置の適用を受けて適格請求書発行事業者に登録する場合、
免税事業者が課税事業者となる課税期間の初日から登録を受ける場合や新たに
設立した法人が設立日より課税事業者に該当し登録を受ける場合が該当します。

第1-(1)号様式

【国内事業者用】

適格請求書発行事業者の登録申請書

【1/2】

収受印				
令和　年　月　日		（フリガナ）		
	申	住 所 又 は 居 所 （法人の場合） 本 店 又 は 主 た る 事 務 所 の 所 在 地	（〒　－　） (法人の場合のみ公表されます) （電話番号　－　－　）	
		（フリガナ）		
	請	納　税　地	（〒　－　） （電話番号　－　－　）	
		（フリガナ）		
		氏 名 又 は 名 称		
	者	（フリガナ）		
		（法人の場合） 代 表 者 氏 名		
＿＿＿＿ 税務署長殿		法 人 番 号		

この申請書に記載した次の事項（ ● 印欄）は、適格請求書発行事業者登録簿に登載されるとともに、国税庁ホームページで公表されます。
1　申請者の氏名又は名称
2　法人（人格のない社団等を除く。）にあっては、本店又は主たる事務所の所在地
　なお、上記1及び2のほか、登録番号及び登録年月日が公表されます。
　また、常用漢字等を使用して公表しますので、申請書に記載した文字と公表される文字とが異なる場合があります。

下記のとおり、適格請求書発行事業者としての登録を受けたいので、所得税法等の一部を改正する法律（平成28年法律第15号）第5条の規定による改正後の消費税法第57条の2第2項の規定により申請します。
※　当該申請書は、所得税法等の一部を改正する法律（平成28年法律第15号）附則第44条第1項の規定により令和5年9月30日以前に提出するものです。

令和5年3月31日（特定期間の判定により課税事業者となる場合は令和5年6月30日）までにこの申請書を提出した場合は、原則として令和5年10月1日に登録されます。

事 業 者 区 分	この申請書を提出する時点において、該当する事業者の区分に応じ、□にレ印を付してください。 　□ 課税事業者　　　　　　□ 免税事業者 ※　次葉「登録要件の確認」欄を記載してください。また、免税事業者に該当する場合には、次葉「免税事業者の確認」欄も記載してください（詳しくは記載要領等をご確認ください。）。
令和5年3月31日（特定期間の判定により課税事業者となる場合は令和5年6月30日）までにこの申請書を提出することができなかったことにつき困難な事情がある場合は、その困難な事情	
税 理 士 署 名	（電話番号　－　－　）

※税務署処理欄	整理番号		部門番号		申請年月日	年　月　日	通信日付印 年　月　日	確認	
	入力処理	年　月　日	番号確認		身元確認	□ 済 □ 未済	確認書類	個人番号カード／通知カード・運転免許証 その他（　）	
	登録番号	T							

注意　1　記載要領等に留意の上、記載してください。
　　　2　税務署処理欄は、記載しないでください。
　　　3　この申請書を提出するときは、「適格請求書発行事業者の登録申請書（次葉）」を併せて提出してください。

第1-(1)号様式次葉

【国内事業者用】

適格請求書発行事業者の登録申請書（次葉）

【2／2】

氏 名 又 は 名 称	

該当する事業者の区分に応じ、□にレ印を付し記載してください。

免税事業者の確認

□　令和5年10月1日から令和11年9月30日までの日の属する課税期間中に登録を受け、所得税法等の一部を改正する法律（平成28年法律第15号）附則第44条第4項の規定の適用を受けようとする事業者
※　登録開始日から納税義務の免除の規定の適用を受けないこととなります。

個 人 番 号		

事業内容等	生年月日（個人）又は設立年月日（法人）	1明治・2大正・3昭和・4平成・5令和　　年　　月　　日	法人のみ記載	事 業 年 度	自　　月　　日　至　　月　　日
				資 本 金	円
	事 業 内 容			登録希望日	令和　年　月　日

□　消費税課税事業者（選択）届出書を提出し、納税義務の免除の規定の適用を受けないこととなる課税期間の初日から登録を受けようとする事業者

課税期間の初日
※令和5年10月1日から令和6年3月31日までの間のいずれかの日
令和　年　月　日

登録要件の確認

課税事業者です。
※　この申請書を提出する時点において、免税事業者であっても、「免税事業者の確認」欄のいずれかの事業者に該当する場合は、「はい」を選択してください。　　□ はい □ いいえ

納税管理人を定める必要のない事業者です。
（「いいえ」の場合は、次の質問にも答えてください。）　　□ はい □ いいえ

納税管理人を定めなければならない場合（国税通則法第117条第1項）
【個人事業者】　国内に住所及び居所（事務所及び事業所を除く。）を有せず、又は有しないこととなる場合
【法人】　国内に本店又は主たる事務所を有しない法人で、国内にその事務所及び事業所を有せず、又は有しないこととなる場合

納税管理人の届出をしています。
「はい」の場合は、消費税納税管理人届出書の提出日を記載してください。
消費税納税管理人届出書　（提出日：令和　年　月　日）　　□ はい □ いいえ

消費税法に違反して罰金以上の刑に処せられたことはありません。
（「いいえ」の場合は、次の質問にも答えてください。）　　□ はい □ いいえ

その執行を終わり、又は執行を受けることがなくなった日から2年を経過しています。　　□ はい □ いいえ

参考事項

第1－(3)号様式

国内事業者用

適格請求書発行事業者の登録申請書

【1／2】

収受印	（フリガナ）	
令和　年　月　日	住所又は居所 （法人の場合） 本店又は主たる事務所の所在地	（〒　－　） ◎（法人の場合のみ公表されます） （電話番号　　－　　－　　）
申	（フリガナ）	
	納　税　地	（〒　－　） （電話番号　　－　　－　　）
請	（フリガナ）	
	氏名又は名称	◎
者	（フリガナ） （法人の場合） 代表者氏名	
税務署長殿	法　人　番　号	

　この申請書に記載した次の事項（◎印欄）は、適格請求書発行事業者登録簿に登載されるとともに、国税庁ホームページで公表されます。
1　申請者の氏名又は名称
2　法人（人格のない社団等を除く。）にあっては、本店又は主たる事務所の所在地
　なお、上記1及び2のほか、登録番号及び登録年月日が公表されます。
　また、常用漢字等を使用して公表しますので、申請書に記載した文字と公表される文字とが異なる場合があります。

　下記のとおり、適格請求書発行事業者としての登録を受けたいので、消費税法第57条の2第2項の規定により申請します。

事業者区分	この申請書を提出する時点において、該当する事業者の区分に応じ、□にレ印を付してください。 ※　次葉「登録要件の確認」欄を記載してください。また、免税事業者に該当する場合には、次葉「免税事業者の確認」欄も記載してください（詳しくは記載要領をご確認ください。）。
	□　課税事業者（新たに事業を開始した個人事業者又は新たに設立された法人等を除く。）
	□　免税事業者（新たに事業を開始した個人事業者又は新たに設立された法人等を除く。）
	□　新たに事業を開始した個人事業者又は新たに設立された法人等
	□　事業を開始した日の属する課税期間の初日から登録を受けようとする事業者　　課税期間の初日 ※　課税期間の初日が令和5年9月30日以前の場合の登録年月日は、令和5年10月1日となります。　令和　年　月　日
	□　上記以外の課税事業者
	□　上記以外の免税事業者

税理士署名	（電話番号　　－　　－　　）

※税務署処理欄	整理番号		部門番号		申請年月日	年　月　日	通信日付印　確認 年　月　日	
	入力処理	年　月　日	番号確認		身元確認	□済 □未済	確認書類 個人番号カード／通知カード・運転免許証 その他（　）	
	登録番号	T						

注意　1　記載要領等に留意の上、記載してください。
　　　2　税務署処理欄は、記載しないでください。
　　　3　この申請書を提出するときは、「適格請求書発行事業者の登録申請書（次葉）」を併せて提出してください。

第1−(3)号様式次葉

国内事業者用

適格請求書発行事業者の登録申請書（次葉）

【2／2】

氏 名 又 は 名 称	

該当する事業者の区分に応じ、□にレ印を付し記載してください。

この申請書は、令和五年十月一日から令和十二年九月二十九日までの間に提出する場合に使用します。

<table>
<tr>
<td rowspan="7">免税事業者の確認</td>
<td colspan="7">□　令和11年9月30日までの日の属する課税期間中に登録を受け、所得税法等の一部を改正する法律（平成28年法律第15号）附則第44条第4項の規定の適用を受けようとする事業者
※　登録開始日から納税義務の免除の規定の適用を受けないこととなります。</td>
</tr>
<tr>
<td rowspan="3">事業内容等</td>
<td>個 人 番 号</td>
<td colspan="5"></td>
</tr>
<tr>
<td>生 年 月 日（個人）又 は 設 立年 月 日（法人）</td>
<td>1明治・2大正・3昭和・4平成・5令和
　　　年　　　月　　　日</td>
<td>法人のみ記載</td>
<td>事 業 年 度</td>
<td>自　　月　　日
至　　月　　日</td>
</tr>
<tr>
<td>事 業 内 容</td>
<td></td>
<td></td>
<td>資 本 金</td>
<td>円</td>
</tr>
<tr>
<td colspan="4">　　　　　　　　　　　　　　　　　　　　　　　登録希望日 令和　　年　　月　　日</td>
</tr>
<tr>
<td colspan="6">□　消費税課税事業者（選択）届出書を提出し、納税義務の免除の規定の適用を受けないこととなる翌課税期間の初日から登録を受けようとする事業者
※　この場合、翌課税期間の初日の前日から起算して1月前の日までにこの申請書を提出する必要があります。</td>
<td>翌課税期間の初日
令和　　年　　月　　日</td>
</tr>
<tr>
<td colspan="7">□　上記以外の免税事業者</td>
</tr>
</table>

<table>
<tr>
<td rowspan="5">登録要件の確認</td>
<td>課税事業者です。
※　この申請書を提出する時点において、免税事業者であっても、「免税事業者の確認」欄のいずれかの事業者に該当する場合は、「はい」を選択してください。</td>
<td>□ はい　□ いいえ</td>
</tr>
<tr>
<td>納税管理人を定める必要のない事業者です。
（「いいえ」の場合は、次の質問にも答えてください。）</td>
<td>□ はい　□ いいえ</td>
</tr>
<tr>
<td>納税管理人を定めなければならない場合（国税通則法第117条第1項）
【個人事業者】　国内に住所及び居所（事務所及び事業所を除く。）を有せず、又は有しないこととなる場合
【法人】　国内に本店又は主たる事務所を有しない法人で、国内にその事務所及び事業所を有せず、又は有しないこととなる場合

納税管理人の届出をしています。
「はい」の場合は、消費税納税管理人届出書の提出日を記載してください。
消費税納税管理人届出書　（提出日：令和　　年　　月　　日）</td>
<td>□ はい　□ いいえ</td>
</tr>
<tr>
<td>消費税法に違反して罰金以上の刑に処せられたことはありません。
（「いいえ」の場合は、次の質問にも答えてください。）</td>
<td>□ はい　□ いいえ</td>
</tr>
<tr>
<td>その執行を終わり、又は執行を受けることがなくなった日から2年を経過しています。</td>
<td>□ はい　□ いいえ</td>
</tr>
</table>

<table>
<tr>
<td rowspan="6">相続による事業承継の確認</td>
<td colspan="4">相続により適格請求書発行事業者の事業を承継しました。
（「はい」の場合は、以下の事項を記載してください。）</td>
<td>□ はい　□ いいえ</td>
</tr>
<tr>
<td colspan="2">適格請求書発行事業者の 死 亡 届 出 書</td>
<td>提出年月日</td>
<td>令和　　年　　月　　日</td>
<td>提出先税務署　　　　　　税務署</td>
</tr>
<tr>
<td rowspan="4">被相続人</td>
<td>死 亡 年 月 日</td>
<td colspan="3">令和　　年　　月　　日</td>
</tr>
<tr>
<td>（フリガナ）
納 税 地</td>
<td colspan="3">（〒　　−　　　）</td>
</tr>
<tr>
<td>（フリガナ）
氏 名</td>
<td colspan="3"></td>
</tr>
<tr>
<td>登 録 番 号</td>
<td colspan="3">T</td>
</tr>
</table>

参考事項	

第1-(5)号様式

国内事業者用

適格請求書発行事業者の登録申請書

【1／2】

この申請書は、令和十二年九月三十日以後提出する場合に使用します。

	（ フ リ ガ ナ ）	
令和　年　月　日	住所又は居所 （法人の場合） 本店又は 主たる事務所 の所在地	（〒　　－　　） （法人の場合のみ公表されます） （電話番号　　－　　－　　）
申	（ フ リ ガ ナ ）	（〒　　－　　）
請	納　税　地	（電話番号　　－　　－　　）
者	（ フ リ ガ ナ ） 氏名又は名称	
	（ フ リ ガ ナ ） （法人の場合） 代表者氏名	
税務署長殿	法人番号	

この申請書に記載した次の事項（◎印欄）は、適格請求書発行事業者登録簿に登載されるとともに、国税庁ホームページで公表されます。
1　申請者の氏名又は名称
2　法人（人格のない社団等を除く。）にあっては、本店又は主たる事務所の所在地
　なお、上記1及び2のほか、登録番号及び登録年月日が公表されます。
　また、常用漢字等を使用して公表しますので、申請書に記載した文字と公表される文字とが異なる場合があります。

　下記のとおり、適格請求書発行事業者としての登録を受けたいので、消費税法第57条の2第2項の規定により申請します。

	この申請書を提出する時点において、該当する事業者の区分に応じ、□にレ印を付してください。	
事業者区分	□　事業を開始した日の属する課税期間の初日から登録を受けようとする事業者	課税期間の初日 令和　年　月　日
	□　納税義務の免除の規定の適用を受けないこととなる翌課税期間の初日から登録を受けようとする事業者 ※　この場合、翌課税期間の初日の前日から起算して1月前の日までにこの申請書を提出する必要があります。	翌課税期間の初日 令和　年　月　日
	□　上記以外の免税事業者	
	□　上記以外の課税事業者	
税理士署名		（電話番号　　－　　－　　）

注意　1　記載要領等に留意の上、記載してください。
　　　2　税務署処理欄は、記載しないでください。
　　　3　この申請書を提出するときは、「適格請求書発行事業者の登録申請書（次葉）」を併せて提出してください。

第1-(5)号様式次葉

【国内事業者用】

適格請求書発行事業者の登録申請書（次葉）

【2／2】

氏 名 又 は 名 称	

この申請書は、令和十二年九月三十日以後提出する場合に使用します。

登録要件の確認	課税事業者です。 ※　この申請書を提出する時点において、免税事業者の方が、消費税課税事業者（選択）届出書を既に提出しており、又はこの申請書と同時に提出し、納税義務の免除の規定の適用を受けないこととなる場合は、「はい」を選択してください。	□　はい　□　いいえ
	納税管理人を定める必要のない事業者です。 （「いいえ」の場合は、次の質問にも答えてください。）	□　はい　□　いいえ
	納税管理人を定めなければならない場合（国税通則法第117条第1項） 【個人事業者】　国内に住所及び居所（事務所及び事業所を除く。）を有せず、又は有しないこととなる場合 【法人】　国内に本店又は主たる事務所を有しない法人で、国内にその事務所及び事業所を有せず、又は有しないこととなる場合	
	納税管理人の届出をしています。 「はい」の場合は、消費税納税管理人届出書の提出日を記載してください。 消費税納税管理人届出書　（提出日：令和　　年　　月　　日）	□　はい　□　いいえ
	消費税法に違反して罰金以上の刑に処せられたことはありません。 （「いいえ」の場合は、次の質問にも答えてください。）	□　はい　□　いいえ
	その執行を終わり、又は執行を受けることがなくなった日から2年を経過しています。	□　はい　□　いいえ

相続による事業承継の確認	相続により適格請求書発行事業者の事業を承継しました。 （「はい」の場合は、以下の事項を記載してください。）			□　はい　□　いいえ	
	適格請求書発行事業者の死亡届出書	提出年月日	令和　　年　　月　　日	提出先税務署	税務署
	被相続人	死亡年月日	令和　　年　　月　　日		
		（フリガナ）			
		納 税 地	（〒　　－　　）		
		（フリガナ）			
		氏 名			
		登 録 番 号　T			

参考事項	

(5)　令和5年10月1日から適格請求書発行事業者の登録を受ける場合の登録申請書の提出期限

　適格請求書等保存方式の制度開始日である令和5年10月1日から適格請求書発行事業者の登録を受ける場合、原則、登録申請書を令和5年3月31日まで（＊）に提出する必要があります（平28改正法附則44①）。

　例外として、令和5年3月31日までに登録申請書を提出できなかったことにつき困難な事情がある場合には、令和5年9月30日までに、登録申請書にその困難な事情を記載して提出し、適格請求書発行事業者の登録を受けたときは、令和5年10月1日に登録を受けたこととみなされます（平30年改正令附則15）。

　このとき、困難な事情については、その困難な度合いは問われません（インボイス通達5－2）。

　（＊）　特定期間の課税売上高又は給与等支払額の合計額が1,000万円を超えたことにより課税事業者となる場合には、令和5年6月30日まで

(6)　免税事業者の経過措置

　免税事業者が令和5年10月1日から令和11年9月30日までの日の属する課税期間中に、適格請求書発行事業者の登録を受ける場合には、登録日から課税事業者となる経過措置が設けられています。

　すなわち、課税期間の途中でも免税事業者から課税事業者となることが可能です。

　令和4年度の税制改正により、免税事業者が登録を希望する年月日がある場合には、届出書にその年月日を記載することができるようになりました。

　これは、免税事業者から課税事業者となった場合、棚卸資産に係る消費税の調整等が必要であることに配慮して設けられたものです。

　経過措置の適用を受ける場合には、あらためて課税事業者選択届出書を提出する必要はありません（平28改正法附則44④、インボイス通達5－1）。

　ただし、この経過措置の適用を受ける適格請求書発行事業者（登録日が令

和5年10月1日の属する課税期間中である者を除きます。）は、その登録日の属する課税期間の翌課税期間から登録日以後2年を経過する日の属する課税期間までの各課税期間については、納税義務は免除されません。

　また、簡易課税の適用を受ける場合、登録日の属する課税期間中に、その課税期間から適用を受ける旨を記載した「簡易課税制度選択届出書」を所轄税務署長に提出したときは、その課税期間の初日の前日に簡易課税制度選択届出書を提出したものとみなされます（平30改正令附則18）。

　したがって、登録日の属する課税期間から簡易課税の適用を受けることができます。

　ただし、簡易課税制度には、いわゆる2年縛りの規定がありますので注意が必要です（P203参照）。

【例】令和5年10月1日から適格請求書発行事業者に登録する場合

　たとえば、令和4年10月1日に設立した3月決算の法人で、納税義務の判定では、第1期及び第2期において免税事業者となる場合をみてみましょう【図1参照】。

　法人が、令和5年10月1日以降、適格請求書発行事業者の登録を受ける場合には、原則として、令和5年3月31日までに、登録申請書を所轄税務署長に提出しなければなりません。

　この場合、課税事業者選択届出書を提出しなくても、令和5年10月1日以後、課税事業者となります。

　そのため、第2期では、免税事業者となる期間と課税事業者となる期間が混在することになりますので会社の経理処理や棚卸資産に係る消費税の調整に注意が必要です（消法36）。

　そして、第2期の消費税の確定申告は、登録日（令和5年10月1日）から課税期間の末日（期末）までの期間について必要となります。

　また、第2期から簡易課税の適用を受ける場合には、令和6年3月31日までに、簡易課税制度選択届出書を納税地の所轄税務署長に提出すればよいこ

ととなります。

　簡易課税制度の適用を受ける場合には、棚卸資産に係る消費税の調整は必要ありません。

【図1】

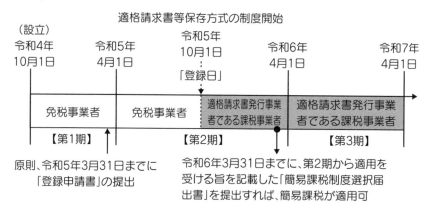

適格請求書等保存方式の制度開始

（設立）
令和4年
10月1日

令和5年
4月1日

令和5年
10月1日
：
「登録日」

令和6年
4月1日

令和7年
4月1日

| 免税事業者 | 免税事業者 | 適格請求書発行事業者である課税事業者 | 適格請求書発行事業者である課税事業者 |

【第1期】　　【第2期】　　【第3期】

原則、令和5年3月31日までに「登録申請書」の提出

令和6年3月31日までに、第2期から適用を受ける旨を記載した「簡易課税制度選択届出書」を提出すれば、簡易課税が適用可

　では、令和4年10月1日に設立した3月決算の法人で、納税義務の判定では、第1期及び第2期において課税事業者となる場合をみてみましょう【図2参照】。

　令和5年10月1日以降、適格請求書発行事業者の登録を受ける場合、登録申請書の提出期限は前述と同様に、原則として、令和5年3月31日です。

　一方、第2期から簡易課税の適用を受ける場合には、免税事業者の場合の経過措置は適用できませんので、令和5年3月31日までに簡易課税制度選択届出書を所轄税務署長に提出しなければなりません。

　ただし、第1期において、調整対象固定資産や高額特定資産の仕入れ等を行い、原則課税により申告した場合には、その提出が制限されますので注意が必要です（P206　5、P211　6）。

【図2】

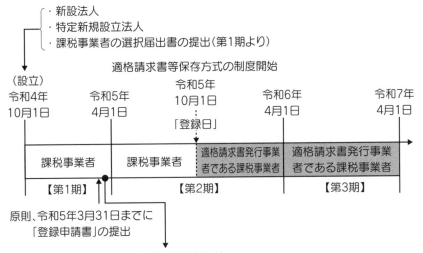

原則、令和5年3月31日までに
「登録申請書」の提出

第2期から簡易課税の適用を受ける場合には、
令和5年3月31日までに「簡易課税制度選択届出書」を提出

(7)　免税事業者が新たに課税事業者となる課税期間の初日から登録を受ける場合

　免税事業者が基準期間における課税売上高が1,000万円を超えることなどにより、翌期に課税事業者となる場合において、課税事業者となる課税期間の初日から登録を受けたい場合には、登録申請書の提出期限に注意が必要です。

　この場合、免税事業者である当期末から1月前の日までに登録申請書の提出が必要です（新消法57の2②、新消令70の2、インボイス通達2-1）【図】。

　そして、適格請求書発行事業者の納税義務は免除されませんので、翌々期以後は基準期間における課税売上高の多寡に関係なく、必ず、課税事業者となります。

【図】12月決算法人の場合

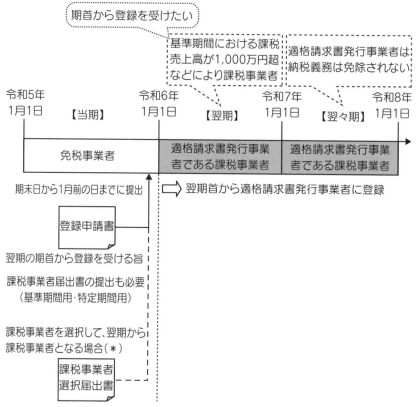

（＊）　課税事業者選択届出書は、当期の期末日までに提出すれば、翌期から課税事業者となりますが、適格請求書発行事業者の登録は、翌期に課税事業者となることが分からないと登録できないことから、登録申請書を提出する日以前に課税事業者選択届出書を提出する必要があると考えられます。

　　　　また、翌期に簡易課税の適用を受ける場合には、当期の期末日までに簡易課税選択届出書を提出する必要があります。

(8)　新たに設立した法人等の登録時期の特例

　新たに設立した法人が新設法人または特定新規設立法人に該当しない場合には、第1期では基準期間がありませんので、免税事業者となります。

　免税事業者は、適格請求書発行事業者の登録ができません。

　したがって、設立日から適格請求書発行事業者の登録を受けたい場合には、設立した日の属する課税期間の末日までに、課税事業者選択届出書を提出すれば課税事業者となることができます（消法9④、消令20-）。

　そして、設立の日の属する課税期間の初日から登録を受けようとする旨を記載した登録申請書を、設立した日の属する課税期間の末日までに提出した場合において、適格請求書発行事業者登録簿へ登載されたときは、その課税期間の初日に登録を受けたものとみなされます（新消令70の4、新消規26の4、インボイス通達2-2）【図参照】。

　なお、この登録時期の特例は、新設法人や特定新規設立法人にも適用することができます。

　ただし、事業を開始した日の属する課税期間の特例ですから、第2期以降では適用を受けることができません。

　したがって、たとえば、第1期に免税である事業者が、第2期の期首から適格請求書発行事業者の登録を受けたい場合には、登録申請書の提出期限が早まりますので、注意が必要です（P235（7）参照）。

　一方、免税事業者が、課税期間の途中で適格請求書発行事業者の登録を受けたい場合には、免税事業者の経過措置（P232（6）参照）の適用を検討することとなります。

【図】 令和5年12月1日設立した3月決算法人（新設法人又は特定新規設立法人
　　　に該当しない）が設立日から適格請求書発行事業者の登録を受ける場合

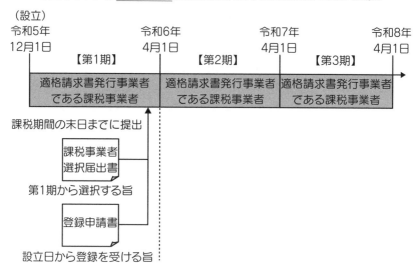

（設立）

令和5年	令和6年	令和7年	令和8年
12月1日	4月1日	4月1日	4月1日

【第1期】　　　　　　【第2期】　　　　　　【第3期】

適格請求書発行事業者　適格請求書発行事業者　適格請求書発行事業者
である課税事業者　　　である課税事業者　　　である課税事業者

課税期間の末日までに提出

課税事業者
選択届出書

第1期から選択する旨

登録申請書

設立日から登録を受ける旨

(9)　適格請求書発行事業者の登録を取消す場合

　適格請求書発行事業者は、必ず、課税事業者となります。

　すなわち、基準期間における課税売上高が1,000万円以下であっても、納税義務は免除されません（新消法9①、インボイス通達2-5）。

　したがって、基準期間における課税売上高により納税義務を判定したい場合には、適格請求書発行事業者の登録を取り消してもらう手続きが必要となります。

　具体的には、納税地の所轄税務署長に「適格請求書発行事業者の登録の取消しを求める旨の届出書」（以下、「登録取消届出書」といいます。）を提出します（新消法57の2⑩一）。

　この場合、原則、登録取消届出書の提出があった日の属する課税期間の翌課税期間の初日に登録の効力が失われることになります。

　ただし、登録取消届出書の提出が、その提出日の属する課税期間の末日か

ら起算して30日前の日から、その課税期間の末日までの間である場合には、その提出日の属する課税期間の翌々課税期間の初日に登録の効力が失われることになりますので、提出日に注意が必要です。

　また、課税事業者選択届出書を提出している事業者の場合には、登録取消届出書のほかに、課税事業者選択不適用届出書を提出する必要があります（P177　5（2））。

【図】

3月決算法人の場合

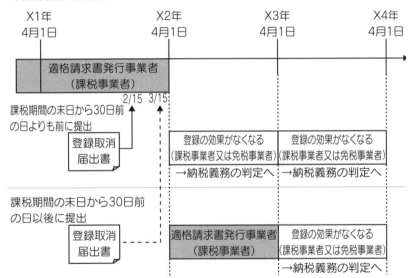

第3号様式

適格請求書発行事業者の登録の取消しを求める旨の届出書

<table>
<tr><td rowspan="5">収受印

令和　年　月　日

＿＿＿＿＿　税務署長殿</td><td>届

出

者</td><td>（フリガナ）</td><td>（〒　－　　）</td></tr>
<tr><td>納　税　地</td><td>（電話番号　　－　　－　　）</td></tr>
<tr><td>（フリガナ）</td><td></td></tr>
<tr><td>氏名又は
名称及び
代表者氏名</td><td></td></tr>
<tr><td>法　人　番　号</td><td>※　個人の方は個人番号の記載は不要です。</td></tr>
<tr><td></td><td></td><td>登　録　番　号 T</td><td></td></tr>
</table>

　下記のとおり、適格請求書発行事業者の登録の取消しを求めますので、消費税法第57条の2第10項第1号の規定により届出します。

<table>
<tr><td>登録の効力を失う日</td><td>令和　　年　　月　　日

※　登録の効力を失う日は、届出書を提出した日の属する課税期間の翌課税期間の初日となります。
　ただし、この届出書を提出した日の属する課税期間の末日から起算して30日前の日から当該課税期間の末日までの間に提出した場合は、翌々課税期間の初日となります。
　登録の効力を失った旨及びその年月日は、国税庁ホームページで公表されます。</td></tr>
<tr><td>適格請求書発行事業者の登録を受けた日</td><td>令和　　年　　月　　日</td></tr>
<tr><td>参　考　事　項</td><td></td></tr>
<tr><td>税　理　士　署　名</td><td>（電話番号　　－　　－　　）</td></tr>
</table>

<table>
<tr><td rowspan="2">※税務署処理欄</td><td>整理番号</td><td></td><td>部門番号</td><td></td><td>通信日付印
年　月　日</td><td>確認</td><td></td></tr>
<tr><td>届出年月日</td><td>年　月　日</td><td>入力処理</td><td>年　月　日</td><td>番号確認</td><td></td><td></td></tr>
</table>

注意　1　記載要領等に留意の上、記載してください。
　　　2　税務署処理欄は、記載しないでください。

Ⅵ　軽減税率対象資産の譲渡を行う中小事業者の税額計算の特例

　軽減税率制度の開始後は、原則、売上及び仕入について税率の異なるごとに区分して経理を行い、税率の異なるごとに税額計算を行うこととなります。

　しかしながら、この区分経理に対応する準備が整わないなど困難な事情がある中小事業者は、令和元年10月１日から一定期間について、税額計算の特例が設けられています。

　特例の対象となる中小事業者は基準期間における課税売上高が5,000万円以下の事業者が該当します。

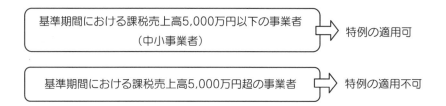

1　売上税額の計算の特例

(1)　売上税額の計算の特例の概要

　この特例は、課税売上を税率の異なるごとに区分して合計することについて困難な事情がある中小事業者が適用することができます（平28改正法附則38①～④)。

　軽減税率の対象となる課税売上高は、課税売上の合計額（＊）に一定の割合を乗じて求めます。

　一定の割合には、下記の３つがあり、その事業者の状況に応じ、適用できる割合が異なります。

【一定の割合】

課税売上の合計額
（税込）
　×　
・小売等軽減仕入割合
・軽減売上割合
・50％
　＝　
軽減税率の対象となる
課税売上（税込）

（＊）小売等軽減仕入割合を適用する場合、対象となる課税売上は、卸売業又は小売業に係るものだけとなります。したがって、卸売業又は小売業以外の課税売上は特例計算の対象とはなりません。

(2)　小売等軽減仕入割合

①　対象事業者

次のイからハまでの要件を満たす中小事業者が適用できます。

　　イ　軽減税率対象資産の譲渡を行う卸売業又は小売業（＊）

　　ロ　特例の適用を受けようとする課税期間に簡易課税制度の適用を受けない

　　ハ　課税仕入れ等について、税率の異なるごとに区分経理できる

　　（＊）　卸売業又は小売業は、簡易課税制度の事業区分と同様の考え方となっています。したがって、製造小売業は小売業には該当しません。

②　小売等軽減仕入割合による課税売上の計算

イ　小売等軽減仕入割合の計算方法

　小売等軽減仕入割合は、卸売業又は小売業にのみ要する課税仕入れ等の額のうち軽減税率の対象となる売上にのみ要する課税仕入れ等の額の割合をいいます。

　卸売業又は小売業以外の課税仕入れ等については、割合の計算要素に入りませんので注意が必要です。

$$\text{小売等軽減仕入割合}=\frac{\text{分母のうち軽減税率の対象となる売上にのみ要するもの（税込）}}{\text{卸売業又は小売業にのみ要する課税仕入れ等の額（税込）}}$$

【図1】小売等軽減仕入割合

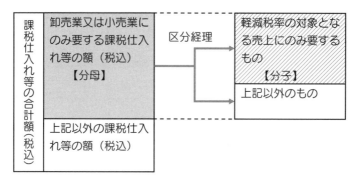

ロ　軽減税率と標準税率の課税売上の計算

　卸売業又は小売業の課税売上に小売等軽減仕入割合を乗じて、軽減税率の対象となる課税売上を計算します。そして、課税売上の合計額から軽減税率の対象となる課税売上を差し引いた額が標準税率の対象となる課税売上となります。

　卸売業又は小売業以外の課税売上については、小売等軽減仕入割合を用いることができません。

　そのため、卸売業又は小売業以外の課税売上は、税率の異なるごとに区分して経理する必要があります。

　なお、小売等軽減仕入割合と（3）の軽減売上割合は併用することはできません。

【図 2 】軽減税率と標準税率の課税売上の計算イメージ

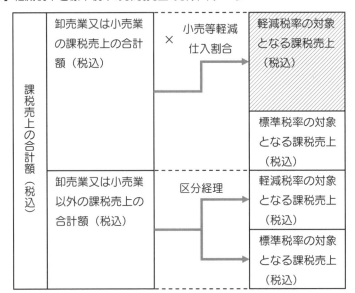

(3)　軽減売上割合

①　対象事業者

軽減税率対象資産の譲渡を行う中小事業者

②　軽減売上割合による課税売上の計算

イ　軽減売上割合の計算方法

　軽減売上割合は、通常の事業を行う連続する10営業日における課税売上の合計額のうち軽減税率の対象となる課税売上の占める割合をいいます。

　したがって、10営業日は必ず課税売上について税率の異なるごとに区分して経理しなければなりません。

　「通常の事業を行う連続する10営業日」とは、適用対象期間内の通常の事業を行う連続する10営業日であれば差支えありません。

　しかしながら、例えば、飲食料品とそれ以外の課税売上のある事業者が、催し物などの特別な営業により、飲食料品の課税売上しか行なわなかった営

業日は、通常の事業を行う営業日に含まれません。

$$軽減売上割合＝\frac{分母のうち軽減税率の対象となる課税売上（税込）}{通常の事業を行う連続する10営業日における課税売上の合計額（税込）}$$

【図3】軽減売上割合イメージ

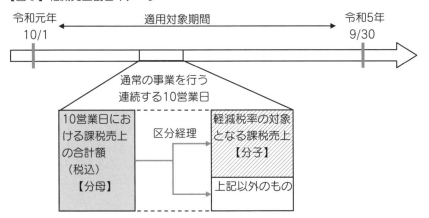

ロ　軽減税率と標準税率の課税売上の計算

　課税売上の合計額に軽減売上割合を乗じて、軽減税率の対象となる課税売上を計算します。そして、課税売上の合計額から軽減税率の対象となる課税売上を差し引いた額が標準税率の対象となる課税売上となります。

　複数の事業を営む中小事業者が課税売上を事業ごとに区分しているときは、その区分している事業ごとに軽減売上割合を計算し、適用することができます。

　なお、軽減売上割合と（2）の小売等軽減仕入割合は併用することはできません。

【図4】軽減税率と標準税率の課税売上の計算イメージ

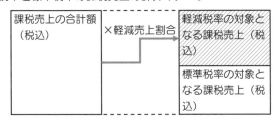

(4)　小売等軽減仕入割合及び軽減売上割合の計算が困難な場合

小売等軽減仕入割合及び軽減売上割合の計算が困難な場合には、これらの割合を50%とすることができます。

ただし、この割合は、適用対象期間中の課税売上のうち、軽減税率の対象となる課税売上の占める割合がおおむね50%以上である中小事業者が適用することができます。

(5)　売上税額の計算の特例の適用対象期間

特例の適用できる期間は令和元年10月1日から令和5年9月30日までの期間です。

したがって、令和5年10月1日以後は、原則どおり、売上を税率の異なるごとに区分しなければなりません。

そのため、例えば、3月決算法人の場合、令和元年10月1日及び令和5年9月30日の含まれる事業年度は、これらの日を境に適用関係が異なりますので、経理処理に注意が必要です。

【例】

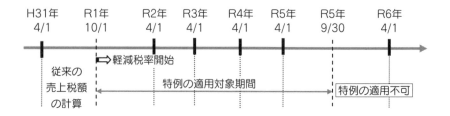

2　仕入税額の計算の特例

　軽減税率導入時（令和元年10月１日）に、仕入税額の計算の特例として２つの特例（小売等軽減売上割合の特例および簡易課税制度の届出の特例）が設けられました。

　しかしながら、小売等軽減売上割合の特例が適用できる期間は、令和元年10月１日から令和２年９月30日の属する課税期間の末日までの期間、簡易課税制度の届出の特例が適用できる期間は、令和元年10月１日から令和２年９月30日までの日の属する課税期間ですので、現在、これらの特例は適用できません（平28改正法附則39①、40①）。

Ⅶ　設例で税負担を試算してみよう

個人事業者であるクライアントから、法人成りをする相談を受けました。

会社の事業計画はP 254、255のとおりです。

消費税の納税義務について、税負担が一番少なくなるようにするためには、どのような選択をすればよいでしょうか。

（＊）　説明の便宜上、消費税は地方消費税を含むものとしています。また、税率は10％により計算しています。

〈会社の概要〉

株主：A氏100％

　　　特殊関係法人なし

　　　個人事業に係る基準期間相当期間における課税売上高は5億円以下

資本金：500万円、増資の予定なし

決算期：3月末

業種：小売業（第2種事業、みなし仕入率80％）

設立予定日：×1年7月1日

STEP0）　適格請求書発行事業者の登録の要否の確認

売上先はすべて一般の最終消費者であることから、クライアントと相談の上、適格請求書発行事業者の登録を見送ることとしました。

STEP1）　資本金の確認

設立時の資本金が1,000万円以上の場合には、新設法人に該当し、第1期より、課税事業者となります。

設例では、資本金は500万円ですから、新設法人には該当しません。

STEP2）　特定新規設立法人に該当するか

設立時の資本金が1,000万円未満の場合には、特定新規設立法人に該当するか否かの判定が必要です。

特定新規設立法人に該当する場合には、第1期より、課税事業者となります。設例では、特定新規設立法人に該当しないものとしています。

STEP3）　第1期の納税義務

第1期においては、課税事業者選択届出書を提出し、課税事業者となるか又は何もせず免税事業者となるかを選択することとなります。

〈課税事業者を選択した場合〉

原則課税により申告をした場合、650千円の還付が見込まれます。

ただし、課税事業者選択届出書を提出した場合、課税事業者選択不適用届出書は、原則、課税事業者となった課税期間の初日から2年を経過する日の属する課税期間の初日以後でなければ、提出することができません。

また、調整対象固定資産の仕入れ等を行いますので、第4期まで、課税事業者が強制されることとなり、簡易課税制度選択届出書の提出も制限を受けます。

〈免税事業者を選択した場合〉

免税事業者を選択した場合には、申告することができませんので、還付を受けられません。

したがって、650千円は会社の損失となります。

STEP 4) 第2期の納税義務

〈第1期において課税事業者を選択した場合〉

課税事業者及び原則課税が強制されますので、納税額は780千円となります。

〈第1期において免税事業者を選択した場合〉

第2期では、特定期間における課税売上高により、納税義務の判定を行います。

設例では、前期は9ヶ月ですから、特定期間が存在します。

特定期間は×1年7月1日から×1年12月31日までとなり、特定期間における課税売上高は18,000千円となっています。ただし、特定期間における課税売上高は、特定期間における給与等支払額にすることも可能です。

特定期間における給与等支払額2,800千円ですから、免税事業者を選択することができます。

敢えて課税事業者となる経済的な理由はありませんので、免税事業者を選択します。

この場合、益税が780千円となります。

STEP 5) 第3期の納税義務

〈第1期において課税事業者を選択した場合〉

課税事業者及び原則課税が強制されますので、納税額は1,110千円となります。

〈第1期において免税事業者を選択した場合〉

第3期では、初めて、基準期間が存在します。

したがって、消費税の納税義務は、まず、基準期間における課税売上高により判定を行います。

基準期間における課税売上高が36,666,666円（＊）ですから、課税事業者となります。

（＊） （25,000千円＋2,500千円）×12月/9月≒36,666,666円

基準期間において免税事業者であったときの課税売上高は税込みの金額です。

また、基準期間における課税売上高が50,000千円以下となっています。

　そのため、原則課税にするか又は簡易課税にするかの選択が生じます。

　初めて、簡易課税を採用する場合には、少なくとも2年継続しなければなりません。そのため、次の3つのパターンが考えられます。

	第3期	第4期	税負担合計
①	原則課税	原則課税	2,230千円
②	原則課税	簡易課税	2,110千円
③	簡易課税	簡易課税	1,960千円

　事業計画では、③の第3期から簡易課税により申告をした方が有利と見込まれます。このとき、簡易課税制度選択届出書は、第2期に提出しなければなりませんので、注意が必要です。

STEP 6)　第4期の納税義務

〈第1期において課税事業者を選択した場合〉

　課税事業者及び原則課税が強制されますので、納税額は1,120千円となります。

〈第1期において免税事業者を選択した場合〉

　第4期では、基準期間における課税売上高が39,600千円（＊）ですので、課税事業者となります。

　第3期より簡易課税を選択した場合、第4期も簡易課税となり、納税額は1,000千円となります。

（＊）　36,000千円＋3,600千円＝39,600千円
　　　基準期間において免税事業者であったときの課税売上高は税込みの金額です。

STEP7) まとめ

第1期から第4期までの税負担は下記の表になります。

したがって、第1期では、還付申告になるとしても、課税事業者を選択しない方が有利と考えられます。

ただし、あくまでも事業計画どおりに物事が進んだ場合ですので、計画と異なると税負担も異なる結果になる可能性があることをクライアントに説明する必要があります。

	第1期 （9ヶ月）	第2期	第3期	第4期	税負担累計額
第1期において 課税事業者を選択	原則課税 △650千円	原則課税 780千円	原則課税 1,110千円	原則課税 1,120千円	2,360千円
第1期において 免税事業者を選択	免税 0円	免税 0円	簡易課税 960千円	簡易課税 1,000千円	1,960千円

　実務では、消費税の納税義務、簡易課税の適用やみなし仕入率の判断を誤ると、大きな損失を被ってしまいかねません。

　判断の難しさは、会社の事業内容や計画をよく確認し、過去の数値と将来の数値を勘案すること、また、届出書は適用を受ける課税期間前に提出しなければならないことにあります。

　また、本ケースでは、適格請求書発行事業者の登録を見送りましたが、クライアントの事業内容によっては、取引先との関係で登録せざるを得ないことも考えられます。

　ですから、納税義務の判定と共に、適格請求書発行事業者に登録するか否か、登録する場合には、いつから登録を受けるのか、また、課税方法は、原則課税とするか簡易課税とするかの選択をクライアントと打ち合わせながら進めていく必要があります。

　そして、簡易課税を選択する場合には、いわゆる 2 年縛りがありますので、次年度以降の事業計画や設備投資計画を検討した上で、判断しなければなりません。

【事業計画】

		第1期（9ヶ月）		
		×1年7月1日　×2年3月31日		
		課税	対象外	合計
売上	売上	25,000		25,000
	合計①	25,000	0	25,000
費用	仕入	17,500		17,500
	給与		4,000	4,000
	その他費用	2,500	1,300	3,800
設備投資	建物（＊1）	6,000		6,000
	車両運搬具（＊1）	3,000		3,000
	器具及び備品	2,500		2,500
	合計②	31,500	5,300	36,800

特定期間における課税売上高	18,000
特定期間における給与等支払額	2,800

〈原則課税〉

仮受消費税等　①課税×10%	2,500
仮払消費税等　②課税×10%	3,150
納税額（△還付額）	△650

〈簡易課税〉

仮受消費税等　①課税×10%	2,500
みなし仕入率	80%
仕入税額控除額	2,000
納税額（△還付額）	500

（＊1）調整対象固定資産に該当するものが含まれています。
（＊2）基準期間における課税売上高が1,000万円超のため集計していません。

（税抜き）
（単位：千円）

第2期			第3期			第4期		
×2年4月1日　×3年3月31日			×3年4月1日　×4年3月31日			×4年4月1日　×5年3月31日		
課税	対象外	合計	課税	対象外	合計	課税	対象外	合計
36,000		36,000	48,000		48,000	50,000		50,000
36,000	0	36,000	48,000	0	48,000	50,000	0	50,000
25,200		25,200	33,600		33,600	35,000		35,000
	6,000	6,000		9,000	9,000		10,000	10,000
3,000	1,300	4,300	3,300	1,100	4,400	3,800	900	4,700
		0			0			0
		0			0			0
		0			0			0
28,200	7,300	35,500	36,900	10,100	47,000	38,800	10,900	49,700
（＊2）			（＊2）			（＊2）		

第2期	第3期	第4期
3,600	4,800	5,000
2,820	3,690	3,880
780	1,110	1,120

第2期	第3期	第4期
3,600	4,800	5,000
80%	80%	80%
2,880	3,840	4,000
720	960	1,000

第 5 章

会社法と法人成り

I　株主は誰にするのか

　株式会社は、発起人が定款を作成し、出資を行い、その本店所在地において設立登記をすることによって、成立します。

　その発起人が会社設立時の株主となります。

　発起人は1人でも複数でも可能です。

　では、例えば、会社の設立について、クライアントから次のような相談を受けた場合、どのような問題が考えられるでしょうか。

　私（A）と友人（B）の2人が発起人となり、50万円ずつ金銭出資を行い、100株ずつ株式を引き受けようと思っています。

　役員はAとBの2人が代表取締役に就任することを考えています。

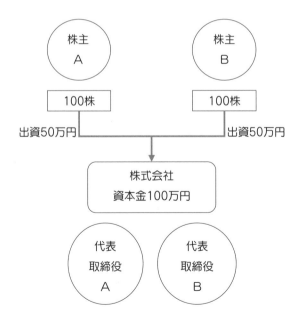

Ⅱ　株主総会の決議と定足数要件

1　株主総会の決議にはどのようなものがあるか

　株式会社の組織、運営、管理その他株式会社に関する一切の事項は、株主総会において決議されます。株主総会が、最高の意思決定機関と呼ばれる所以です（会社法309①②③）。

　例えば、役員の選任、解任、定款変更、事業譲渡、合併や会社分割などの組織再編、解散など会社にとって重要な事項は、株主総会に諮り、決議をしなければなりません。

　株主総会の決議は、主に次の3つに区分されます（【表5-1】参照）。

① 　普通決議

　議決権を行使することができる株主の議決権の過半数を有する株主が出席し、出席した株主の議決権の過半数をもって行われます。

② 　特別決議

　議決権を行使することができる株主の議決権の過半数を有する株主が出席し、出席した株主の議決権の3分の2以上に当たる多数をもって行われます。

③ 　特殊決議

　議決権を行使することができる株主の半数以上であって、その株主の議決権の3分の2以上に当たる多数をもって行われます。

2　定足数要件をどのようにするのか

　普通決議及び特別決議を行うためには、株主の人数ではなく、原則、株主総会に出席した株主の議決権の合計が過半数であることが必要です（会社法309①②）。

　この要件を定足数要件といいます。

　ところが、定足数要件は、定款によって、緩和することや撤廃することが可能です。

　定款モデルなどでは、株主総会の決議を定めた条項などにおいて、「株主総会の決議（普通決議）は、法令又は定款に別段の定めがある場合のほか、出席した議決権のある株主の議決権の過半数をもって決する。」「会社法第309条第2項に定める決議（特別決議）は、議決権を行使することができる株主の議決権の3分の1以上を有する株主が出席し、出席した株主の議決権の3分の2以上に当たる多数をもって行う。」などと定め、定足数要件を撤廃及び緩和しているものがほとんどです。

　定足数要件を撤廃・緩和した場合、株主総会に出席した株主だけで決議を行うことを認めてしまうことになります。

【表5-1】株主総会の定足数、決議要件及び決議事項

○普通決議Ⅰ（会社法309①）

定足数	議決権を行使することができる株主の議決権の過半数を有する株主が出席 （定款で撤廃、緩和することができる）
決議要件	出席した株主の議決権の過半数 （定款で別段の定めをすることができる）
主な決議事項	・役員の報酬、退職慰労金の支給 ・剰余金の配当 ・自己株式の取得 ・準備金の額の減少 ・競業取引、利益相反取引の承認 など

○普通決議Ⅱ（役員の選任、解任の場合）（会社法341）

定足数	議決権を行使することができる株主の議決権の過半数を有する株主が出席 （定款で3分の1以上の割合を定めることができる）
決議要件	出席した株主の議決権の過半数 （定款で過半数を上回る割合を定めることができる）
決議事項	・取締役、監査役、会計参与の選任 ・取締役（累積投票により選任された者を除く。）、会計参与の解任

○特別決議（会社法309②）

定足数	議決権を行使することができる株主の議決権の過半数を有する株主が出席 （定款で3分の1以上の割合を定めることができる）
決議要件	出席した株主の議決権の3分の2以上 （定款で3分の2を上回る割合を定めることができる）
主な決議事項	・定款の変更 ・事業譲渡等、解散 ・組織変更、合併、会社分割、株式交換、株式移転、株式交付 ・譲渡制限株式の買取り ・相続人等に対する売渡請求 ・特定の株主からの自己株式の取得 ・募集株式の募集事項の決定 ・累積投票により選任された取締役の解任 ・監査役の解任 など

○特殊決議（会社法309③）

定足数	なし	
決議要件	要件1	議決権を行使することができる株主の半数以上（定款で半数を上回る割合を定めることができる）
	要件2	議決権を行使することができる株主の議決権の3分の2以上（定款で3分の2を上回る割合を定めることができる）
主な決議事項	・発行する全部の株式に譲渡制限を設ける定款変更 など	

3　議決権と定足数要件について検討しよう

　冒頭のケースのように、株主が2名で、それぞれ同じ数の議決権を持っていた場合について考えてみましょう。

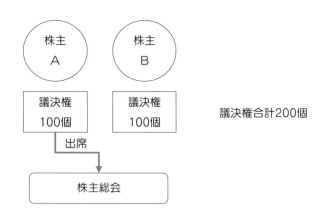

　株主Aだけが株主総会に出席した場合、定足数要件があるときは定足数を満たしませんので、株主総会の決議は成立しないこととなります。

　株主総会で決議をするためには、株主Bの出席が必要です。

　これに対し、定款で定足数要件を撤廃してしまうと、株主の誰か1人でも出席すれば、株主総会の決議をすることができます。

　定足数要件を撤廃した場合では、株主Aの意向だけで会社の経営が決まってしまいます。

　定足数要件の撤廃・緩和は、株主が不特定多数である場合、過半数の出席が難しいことから設けられているものです。

　ですから、株主数が少ない未上場会社では、定足数要件を撤廃することのメリットはあまりないと考えられます。

　次に、株主Aと株主Bが株主総会に出席した場合を考えてみましょう。

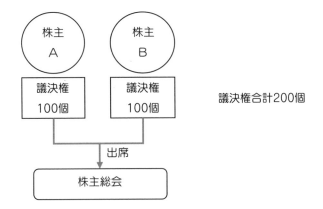

　株主Aと株主Bの議決権の合計は200個ですから、株主総会の定足数要件は満たされます。

　しかしながら、普通決議は、出席した株主の過半数をもって行われます。株主Aと株主Bの意見が異なった場合、双方過半数にはなりませんので、決議事項は何も決まりません。

　いわゆるデッドロック状態に陥ってしまうのです。

　例えば、株主Aは仲の良い友人Cを取締役にしようと考え株主総会に諮ったとします。

　ところが、株主Bはこれに反対しました。

　すると、前述のように、株主Aの議決権は過半数を超えませんので、友人Cが役員に選任されることはありません。

　AとBの2人が設立時と同様に、仲が良ければ、会社の運営に問題ないのかもしれません。

　しかしながら、そのような関係が長く続く保証はありません。

　これは、他人同士ばかりでなく、親子間や兄弟間でも起こりうる問題です。

　他人に株式を保有してもらい、二人三脚で会社が成長した事例もありますが、実際には、株式（議決権）でもめることの方が多いのではないでしょう

か。

　ですから、会社設立に当たり、他人に株式を引き受けてもらう、又は他人に取締役に就任してもらう場合には、事前に、これらが会社に与える影響をよく検討することが重要です。

　会社の代表者が、少なくとも過半数の議決権を確保していなければ、その後の会社運営にリスクを抱えることになってしまいます。

◆コラム：議決権と単元株制度

　議決権は、通常、株式1株につき、1個の議決権が付されています（会社法308①）。

　ただし、会社は、定款において株式を一定の数に括り、1個の議決権を付すことができると定めることができます（会社法188①②、会施規34）。

　この一定の数に括ることを単元株制度といい、上場会社の株式を売買する際の取引単位などにも用いられています。

　一定の数には、一般的に、10株で一単元、100株で一単元などがあります。

　ただし、一単元は1,000株及び発行済株式総数の200分の1の数を超えることはできません。

　一単元に満たない株式数を所有している株主は、剰余金の配当を受け取ることができますが、株主総会において議決権の行使をすることはできません。

Ⅲ　株 主 の 権 利

1　株主の権利を知っておこう

　他人に株式を保有してもらう場合、あらかじめ、株主の権利を知っておくことが大切です。

　株主は、その有する株式の引受価額を限度として責任を負うと共に、【表5-2】のような権利を有することとなります。

　株主の権利は、その性質により「自益権」と「共益権」に、その行使要件により「単独株主権」と「少数株主権」に分類されます。

　「自益権」とは、株主が会社から直接に経済的な利益を受ける権利をいい、「共益権」とは、会社の経営に参与する権利をいい、株主総会における議決権や取締役の業務執行等を監督・是正する権利が含まれます。

　一方、「単独株主権」とは、株主が1株でも保有していれば行使をすることのできる権利をいい、「少数株主権」とは、一定割合以上の議決権又は発行済株式を保有する株主のみが行使をすることができる権利（複数の株主が共同して条件を満たす場合もあります。）をいいます。

　例えば、少数株主権である会計帳簿の閲覧等の請求権では、議決権の3％以上を所有している株主に会計帳簿又はこれに関する資料の閲覧・謄写をする権利が認められています。

　会計帳簿とは、日記帳、元帳、仕訳帳（伝票）など計算書類及び附属明細書の作成の基礎となる帳簿をいい、これに関する資料とは、契約書や信書など会計帳簿の記録材料として用いられた資料をいいます。

　これらに記載されている情報は、会社にとって外部の者には見せたくない機密事項ばかりです。

【表 5 - 2】 主な株主の権利

分類		権利の内容	議決権数・株式数の要件	保有期間の要件
自益権		剰余金の配当を受ける権利 （会社法105①一）	－	－
		残余財産の分配を受ける権利 （会社法105①二）	－	－
		反対株主の株式買取請求権 （会社法469）	－	－
共益権	単独株主権	議決権 （会社法105①三）	－	－
		株主総会における議題提案権（取締役会非設置会社） （会社法303①、305①）	－	－
		定款閲覧等請求権 （会社法31②）	－	－
		株主名簿閲覧等請求権 （＊） （会社法125②）	－	－
		取締役会議事録の閲覧等の請求権 （会社法371②）	－	－
		募集株式の発行又は自己株式の処分の差し止め請求権 （会社法210）	－	－
		代表訴訟の提起権 （会社法847）	－	行使前6ヶ月 （公開会社でない会社は要件なし）
		取締役の違法行為差し止め請求権 （会社法360）	－	行使前6ヶ月 （公開会社でない会社は要件なし）

共益権	少数株主権	株主総会招集の請求権 （会社法297）	総株主の議決権の3％以上	行使前6ヶ月 （公開会社でない会社は要件なし）
		株主総会における議題提案権（取締役会設置会社） （会社法303②、305①）	総株主の議決権の1％以上 又は 300個以上の議決権	行使前6ヶ月 （公開会社でない取締役会設置会社は要件なし）
		取締役の解任請求権 （会社法854）	総株主の議決権の3％以上 又は 発行済株式の3％以上	行使前6ヶ月 （公開会社でない会社は要件なし）
		会計帳簿の閲覧等の請求権 （＊） （会社法433）	総株主の議決権の3％以上 又は 発行済株式の3％以上	－
		解散請求権 （会社法833①）	総株主の議決権の10％以上 又は 発行済株式の10％以上	－

（＊）　会社は、正当な理由がある場合には、閲覧等を拒否することが認められています（会社法125③、433②）。

コラム：会計帳簿の閲覧等の請求の拒否

　会計帳簿の閲覧等の請求を安易に認めてしまうと、結果として、株主全員の利益が損なわれる可能性があります。

　そのため、会社法では、次に掲げる場合に該当するときは、会社がその請求を拒否できることとしています（会社法433②）。

① 　請求者がその権利の確保又は行使に関する調査以外の目的で請求を行ったとき

② 　請求者がその会社の業務の遂行を妨げ、株主の共同の利益を害する目的で請求したとき

③ 　請求者がその会社の業務と実質的に競争関係にある事業を営み、又はこれに従事するものであるとき

④ 　請求者が会計帳簿又はこれに関する資料の閲覧又は謄写によって知り得た事実を利益を得て第三者に通報するため請求したとき

⑤ 　請求者が、過去2年以内において、会計帳簿又はこれに関する資料の閲覧又は謄写によって知り得た事実を利益を得て第三者に通報したことがあるものであるとき

Ⅳ　株式の譲渡制限

1　譲渡制限株式とは

　株主は、原則、自由に所有する株式を譲渡することができます（会社法127）。

　ところが、未上場である同族会社の場合、株式の譲渡先を自由に認めてしまうと、必ずしも会社の株主として相応しくない者が株主になることも考えられ、会社の管理運営に支障をきたしてしまうことにもなりかねません。

　そこで、定款により、会社が発行する全部の株式の内容として、譲渡による株式の取得について会社の承認を必要とする旨を定めることができます（会社法107①一）。

　この定めのある株式のことを「譲渡制限株式」といい、株主は会社の承認なく株式を譲渡することができません。

〈定款の記載例〉

第○条　当会社の発行する株式の譲渡による取得については、当会社（例、株主総会、代表取締役、取締役、取締役会）の承認を受けなければならない。ただし、当会社の株主に譲渡する場合には、承認をしたものとみなす。

　承認する機関は、原則、株主総会や取締役会になりますが、定款で別に定めることも可能です（会社法2十七、139①）。

（定款の別段の定めの例）

　・株主間の譲渡については承認不要とする

　・代表取締役の承認とする

　・取締役設置会社でも株主総会の承認とする

　株主が勝手に第三者に株式を譲り渡さないようにするために、また、株主

総会の手続きが簡素であることなど（P271Ⅳ4参照）を考えると、会社を設立する際には、定款において譲渡制限規定を設けた方が望ましいと考えられます。

2　譲渡承認の手続き

承認の手続きは、まず、株式を譲渡しようとする株主（※）が、会社に対して譲渡を承認するか否かの決定をすることの請求をします（会社法136）。

請求を受けた会社は、株主総会又は取締役会などの決議により決定し、譲渡承認請求をした株主に対し、決定内容を通知します。

（※）　株式を取得した者からも、会社に対して取得を承認するか否かの決定をすることを請求することができます（会社法137）。

3　承認しない場合の手続きと問題

会社が譲渡を承認しない決定を行った場合には、会社自らが買い取るか、会社が買取人を指定することとなります（会社法140①）。

会社が買い取る場合、会社は、株主総会の特別決議により買い取る旨及び買い取る株式数を決定し、譲渡承認請求者に対して、これらの決定内容を通知しなければなりません（会社法140①②、141①）。

一方、買取人を指定する場合には、原則、株主総会の特別決議又は取締役会の決議により、買取人（指定買取人）の指定を行います（会社法140④⑤）。

指定買取人は、譲渡承認請求者に対して、指定を受けた旨及び買い取る株式数を通知します（会社法142）。

また、会社又は指定買取人は1株当たりの純資産額に買い取る株式数を乗じた額を会社の本店所在地の供託所に供託し、その供託を証する書面を譲渡承認請求者に交付しなければなりません（会社法141②、142②）。

このように、会社が譲渡を承認しない場合には、手続きがとても煩雑にな

ります。

　また、その株式の買取価格も問題となることが考えられます。

　買取価格は、会社又は指定買取人と譲渡承認請求者との間で協議を行い決定します。

　協議が調わない場合には、当事者は、会社又は指定買取人から譲渡承認請求者に対し株式を買い取る旨等の通知があった日から20日以内に、裁判所に対し、売買価格の決定の申立てをすることができます。

　裁判所が売買価格を決定するときには、譲渡承認請求時における会社の資産状態その他一切の事情が考慮されます（会社法144）。

　相続税で用いられる財産評価基本通達が売買価格の基礎ではありませんので、株価が高くなる可能性があります。

4　公開会社と非公開会社の違い

　公開会社とは、その発行する全部又は一部の株式の内容として譲渡によるその株式の取得について株式会社の承認を要する旨の定款の定めを設けていない会社をいいます（会社法2五）。

　ですから、1株でも自由に譲渡することができる株式を発行している会社は公開会社となります。

　公開会社の場合には、取締役会の設置が義務付けられています。

　会社法上、公開会社では、公開会社でない会社（非公開会社）と比較し、手続き等が厳格になっています【表5-3】参照）。

　それは、公開会社では、いわゆる上場会社など株主が多数である場合を想定しているからです。

【表 5 - 3】公開会社と非公開会社の主な違い

項　　目	公開会社		非公開会社
取締役の任期 （会社法332①②）	選任後 2 年以内に終了する事業年度のうち最終のものに関する定時株主総会の終結の時まで		
		特例	定款によって、最長10年まで可能
監査役の任期 （会社法336①②）	選任後 4 年以内に終了する事業年度のうち最終のものに関する定時株主総会の終結の時まで		
		特例	定款によって、最長10年まで可能
株主総会の招集通知の発送 （会社法299①）	株主総会の日の 2 週間前まで		株主総会の日の 1 週間前まで （取締役会非設置会社が、これを下回る期間を定款で定めた場合には、その期間前まで） ＊書面投票、電子投票を定める場合を除く。
募集株式の発行	原則、取締役会の決議 （会社法201①） （有利発行の場合には、株主総会の特別決議）		株主総会の特別決議 （会社法199）
設立時の発行株式総数 （会社法37）	発行可能株式総数の 4 分の 1 を下回ることができない		制限なし
議決権制限株式の発行数 （会社法115）	発行済株式総数の 2 分の 1 以下		制限なし
少数株主権の保有期間の要件 Ｐ266【表 5 - 2】参照	あり		なし

◆**コラム：募集株式の発行（第三者割当ての場合）**

　会社法では、会社が機動的に資金調達を行えるように授権株式制度が設けられています（会社法37、199、201、206の２）。

　公開会社の場合、定款において、会社が発行することのできる株式の総数（発行可能株式総数）を定め、その総数まで「授権」であれば、取締役会の決議によって、株式を発行することが可能です。

　一方、非公開会社の場合、原則、株主総会の特別決議が必要です。

　なお、募集株式の発行において、既存株主に対する新株割当て（いわゆる株主割当て方式）ではなく、特定の者への新株割当て（いわゆる第三者割当て方式）による場合には、株式の発行は、既存の株主にとって、持株割合の変動や１株当たりの利益の希薄化などの影響を及ぼします。

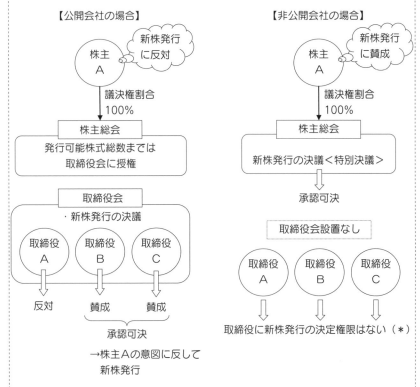

（＊）　非公開会社で取締役会設置会社の場合、株主総会での承認の他、取締役会にて募集株式割当決議が必要となります（会社法199②、204①②）。

　公開会社では、既存株主の利益を保護するために、新株発行により支配株主（持株割合50％超）が異動する場合には、既存株主に対して通知（又は公告）が必要となります。

　そして、議決権の10分の1以上を有する既存株主が、その通知を受けた日（又は公告の日）から2週間以内にその株式の引受けに反対する旨を公開会社に通知した場合には、公開会社は新株発行につき株主総会の普通決議が必要です（会社法206の2）。

V　相続人等に対する売渡請求

1　相続人等に対する売渡請求とは

　会社は、相続その他の一般承継により、その会社の株式を取得した者に対して、その株式を会社に売り渡すことを請求することができます。

　ただし、請求することのできる株式は譲渡制限株式に限られ、また、会社が売渡請求をすることができる旨を定款で定めておく必要があります（会社法174）。

〈定款の記載例〉
第〇条　当会社は、相続その他の一般承継により当会社の譲渡制限株式を取得した者に対し、当該株式を当会社に売り渡すことを請求することができる。

　一般承継とは、他人の権利義務を一括して承継することをいい、包括承継ともいいます。

　代表的な一般承継には、相続によって被相続人の権利義務を承継する場合や合併によって被合併法人の権利義務を承継する場合などが該当します。

　これに対し、特定承継とは個々の権利義務を承継することをいい、代表的なものには、売買や贈与などが該当します。

　相続人が被相続人の譲渡制限株式を引き継いだ場合、個別の譲渡ではありませんので、会社の譲渡承認は必要ありません。

　そのため、会社が強制的に相続人から自社株式を買い取るためには、定款で定めておく必要があるのです。

　実際に、会社が売渡請求を決定する場合には、株主総会の特別決議により、次の事項について承認を得る必要があります（会社法175①）。

　・請求する株式数

・その株式を有する者の氏名及び名称

　ただし、売渡請求先の相続人は、その決議につき議決権を行使することはできません（会社法175②）。また、会社が相続人に行う請求は、会社が相続その他の一般承継があったことを知った日から1年以内に行わなければなりません（会社法176①）。

2　クーデターが可能となる危険がある

　相続人等に対する売渡請求制度は、一般承継によって株主が分散したり、また、会社にとって相応しくない者が株主になることを防止するために設けられています。

　ところが、オーナー会社にとっては、クーデターが起きてしまう危険も孕んでいるのです。

　例えば、次の図の株主構成の場合で考えてみましょう。

　ケース1の株主Bに相続が発生した場合、株主Bの相続人は売渡請求の決定を承認する株主総会において議決権を行使することができません。ですから、株主Aの意向によって株主Bの相続人に対し、売渡請求の決議を承認することができます。

　逆に、ケース2の株主Aに相続が発生した場合も同様です。

　すると、持株割合10％である株主Bの意向だけで、売渡請求の決議が承認され、会社はAの相続人から自社株式を買い取ることができてしまうのです。

　このような問題を防ぐ方法として、ケース3に掲げたように持株会社を活用することや種類株を発行することなどが考えられます。

ケース1）株主Bに相続が発生した場合

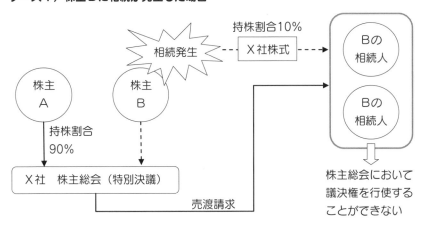

ケース2）株主Aに相続が発生した場合

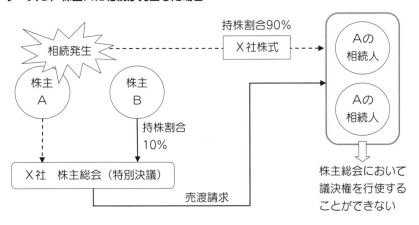

ケース3）株主Aが持株会社Y社を通じてX社株式を所有していた場合

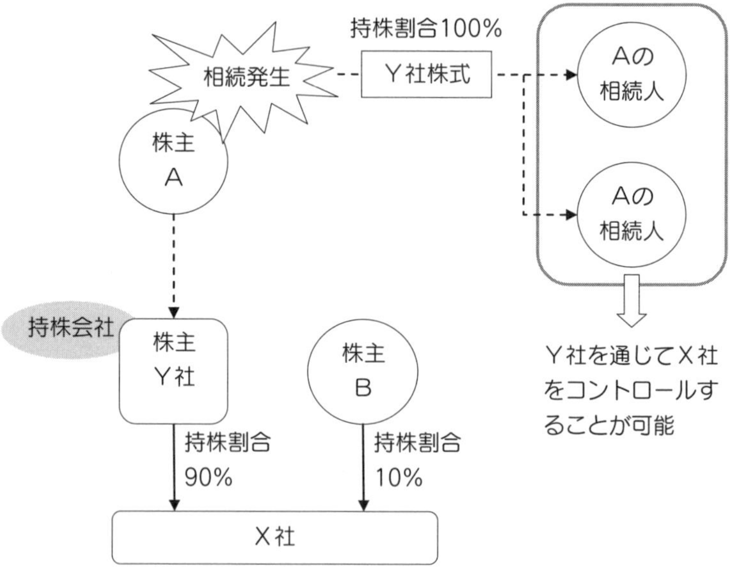

持株割合100%

相続発生 --- Y社株式 → Aの相続人 / Aの相続人

Y社を通じてX社をコントロールすることが可能

株主A → 持株会社 株主Y社 / 株主B

持株割合90% / 持株割合10%

X社

◆コラム：剰余金分配規制

　譲渡制限株式の買取り、株主との合意による自己株式の買取り、相続人等に対する売渡請求に基づく自己株式の買取り及び剰余金の配当には、会社の財源に制限が設けられています（会社法461①、②）。

　すなわち、株主に対して交付する金銭等の総額は、会社の分配可能額までとなります（＊1）。

　分配可能額は、次の図のようになっています。

	自己株式の帳簿価額
剰余金の額	最終事業年度の末日後に自己株式を処分した場合の処分対価の額
	臨時計算書類の損益計算書に計上された損失の額（会計規157）（＊2）
	その他法務省令で定めるもの（会計規158）
臨時計算書類の損益計算書に計上された利益の額（会計規156）（＊2）	分配可能額
臨時計算書類の期間における自己株式の処分対価の額（＊2）	

（＊1） 会社の純資産額が300万円を下回る場合には、剰余金の配当はできません（会社法458）。

（＊2） 会社は、最終事業年度の直後の事業年度に属する一定の日（以下、「臨時決算日」といいます。）における財産の状況を把握するため、次に掲げる書類（以下、「臨時計算書類」といいます。）を作成することができます（会社法441）。

　　・臨時決算日における貸借対照表

　　・臨時決算日の属する事業年度の初日から臨時決算日までの期間に係る損益計算書

　　臨時計算書類は、原則、株主総会の承認を受けなければなりません。

◆**コラム：みなし配当課税と株式の譲渡所得課税**

　個人である株主が法人から自己株式の取得により、金銭等の交付を受けた場合には、その金銭等のうち、その法人の利益積立金からなる部分については、みなし配当課税となります（所法25）。

　したがって、内部留保が大きい会社の株式については、個人株主の配当所得が多額になり、累進税率である所得税率も上昇してしまいます。

　そこで、個人が非上場株式を相続し、発行法人に譲渡した場合には、税制上の特例が設けられています。

　この特例では、みなし配当課税を行わず、その交付を受けた金銭等を株式等に係る譲渡所得等の収入金額とみなすこととなります。

　ただし、次の要件を満たさなければなりません。

・その相続につき納付すべき相続税がある
・その相続税の申告書の提出期限の翌日以後3年を経過する日までに発行法人に譲渡する
・発行法人に譲渡する時までに、その適用を受ける旨及び一定の事項を記載した書面をその法人を経由して、その法人の本店所在地を所轄する税務署長に提出する

　株式等に係る譲渡所得等の税率は一律に20％（所得税15％（＊）、住民税5％）となっており、また、取得費加算の特例も適用できますので、税負担が軽減されることが考えられます（措法9の7、37の10③、39①、措令5の2②）。

（＊）　復興特別所得税は考慮していません。

Ⅵ　特別支配株主の株式等売渡請求

1　特別支配株主の株式等売渡請求とは

　この制度は、100％の持株関係を構築することを容易にするため、平成26年の会社法の改正によって、新たに創設されました（会社法179）。

　その特徴は、取締役会（取締役会非設置会社の場合には、取締役の過半数の合意）の承認だけで、大株主が少数株主から強制的に会社の株式を買い取ることができることです。

　具体的には、会社（以下、「対象会社」といいます。）の特別支配株主は、対象会社の株主全員（対象会社及び特別支配株主を除きます。）に対し、その株主が所有する対象会社の株式全部を特別支配株主に売り渡すことを請求することができます。

　特別支配株主とは、原則、その会社の総株主の議決権の90％以上を有している者をいいます。

　議決権割合を判定する場合には、特別支配株主が発行済株式の全部を有する株式会社等が有する対象会社の株式も合算します（会社法179①、会施規33

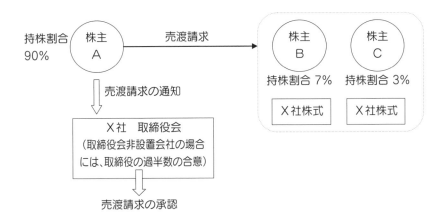

の4）。

　この制度を活用することによって、会社設立後、株式が分散し、少数株主
が多数になっても、特別支配株主に株式を集中させることができます。

Ⅶ　種　類　株　式

1　種類株式とは

　会社法では、原則、各株式に付された権利は同じです。

　しかしながら、資金調達や支配関係の多様化の機会を与えるため、会社が株式の内容について、普通株式と異なる定めをした株式を発行することを認めています。

　異なる定めをした株式のことを種類株式といい、異なる定めのできる事項には、【表5-4】の9種類があります（会社法108①）。

【表5-4】種類株式の異なる内容の定め

	異なる定めのできる事項	内　　容
1	剰余金の配当	剰余金の配当について、他の株式よりも優先的な地位が与えられる株式（優先株式）や劣後的な地位が与えられる株式（劣後株式）
2	残余財産の分配	残余財産の分配について、他の株式よりも優先的な地位が与えられる株式（優先株式）や劣後的な地位が与えられる株式（劣後株式）
3	議決権の制限	株主総会において議決権を行使できる事項が制限される株式（＊1）
4	譲渡制限	株式の譲渡について会社の承認を要する株式
5	取得請求権	株主が会社に株式の買取請求をすることができる権利が付与された株式
6	取得条項	会社が、一定事項が生じた場合には、株主から株式を取得することができる条項が付された株式
7	全部取得条項	株主総会の特別決議により、会社が株式の全部を取得することができる条項が付された株式

| 8 | 拒否権 | 株主総会の決議の他に、その種類株主で構成された種類株主総会（＊2）の決議を必要とするもの（いわゆる黄金株と呼ばれています。） |
| 9 | 取締役・監査役選任権 | その種類株主で構成された種類株主総会（＊2）において取締役又は監査役を選任すること（＊3） |

（＊1） 公開会社において、議決権制限株式の数は発行済株式総数の2分の1以下とする必要があります。

（＊2） 種類株主総会とは、ある種類株式を所有する株主（種類株主）を構成員とする総会をいいます。

（＊3） 公開会社は発行することができません（会社法108①）。

　種類株式は、これら複数の事項を組み合わせた株式を設計することも可能です。

　例えば、他人に株主にはなってもらいたいが会社の経営には関与してほしくない場合には、議決権は付与しないが剰余金の配当を優先的に行うことを定めた株式（完全無議決権配当優先株式）を発行し、その種類株式を保有してもらうことも考えられます。

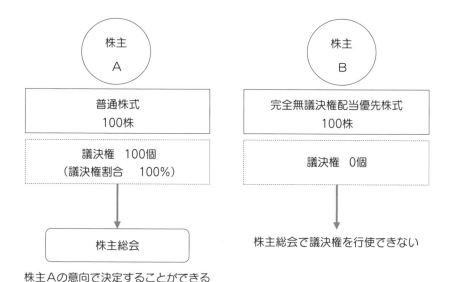

◆コラム：株式の権利内容と種類株

　会社法では、株式について、次のことができるとしています（会社法107、108）。

　　　① 全部の株式の内容について特別の定めをすること
　　　② 異なる定めをした内容の株式を発行すること

　①と②の大きな違いは、①は発行する全株式が対象であるのに対し、②は必ずしも全株式が対象ではないことにあり、いわゆる種類株式と呼ばれています。

　①の特別の定めには、次の３つだけが認められています。

　イ　譲渡による株式の取得について、その会社の承認を要すること（譲渡制限）

　ロ　株主が会社に対して自社株式の取得を請求することができること（取得請求権）

　ハ　会社が一定の事由が生じたことを条件に自社株式を取得することができること（取得条項）

　ちなみに、イは、P269 Ⅳの譲渡制限株式のことです。

2　種類株式を発行するための手続き

　種類株式を発行するためには、発行しようとする種類株式の内容及び発行可能種類株式総数を定款で定めなければなりません（会社法108②）。

　ただし、定款においてその内容の要綱だけを定めておき、具体的な内容については、種類株式を発行する時までに株主総会（取締役会設置会社にあっては取締役会又は株主総会）の決議によって定めることができます。

【表5-5】定款の記載事項（会社法108②③、会施規20）

※　異なる定めのできる事項のうち、剰余金の配当、残余財産の分配、議決権の制限、譲渡制限、拒否権、取締役・監査役選任権のみ記載しています。

	区分	本来の記載事項	要綱
異なる定めのできる事項	剰余金の配当	・配当額の決定方法 ・配当をする条件 ・配当に関する取扱いの内容	・配当財産の種類
	残余財産の分配	・残余財産額の決定方法 ・残余財産の種類 ・残余財産の分配に関する取扱いの内容	・残余財産の種類
	議決権の制限	・議決権を行使することができる事項	
		・議決権の行使条件を定めるときは、その条件	
	譲渡制限	・譲渡による種類株式の取得について、会社の承認を要する旨	
		・一定の場合に会社が承認したものとみなす場合には、その旨及びその一定の場合	
	拒否権	・種類株主総会の決議があることを必要とする事項	
		・種類株主総会の決議を必要とする条件を定めるときは、その条件	
	取締役・監査役選任権	・種類株主総会において取締役又は監査役（取締役等）を選任すること及び選任する取締役等の数 ・他の種類株主と共同して選任することとするときは、その他の種類株主の株式の種類及び共同して選任する取締役等の数	
		・上記の事項を変更する条件があるときは、その条件及び変更後の上記の事項（＊1）	
発行可能種類株式総数（必ず、定款で定めます。）			

（＊1）　社外取締役又は社外監査役を選任しなければならない旨を定めることもできます（会施規19）。

○完全無議決権・剰余金優先配当・残余財産優先分配種類株式の定款記載例

　下記は、定款の記載例です。

　あくまでも例ですので、会社の実情に応じて、様々な種類株式の内容を設計することができます。

（Ａ種優先株式の内容）
　第○条　当会社の発行するＡ種優先株式の内容は、次の通りとする。
　１．優先配当金
（１）　当会社が、ある事業年度中に属する日を基準日として剰余金の配当を行うときは、当該基準日の最終の株主名簿に記載又は記録されたＡ種優先株式（以下、「Ａ種株式」という。）を有する株主（以下、「Ａ種株主」という。）又はＡ種優先株式の登録株式質権者（以下、「Ａ種株式質権者」という。）に対して、基準日の最終の普通株式を有する株主（以下、「普通株主」という。）又は普通株式の登録株式質権者（以下「普通登録株式質権者」という。）に先立ち、次号に定める額の配当金（以下、当該額の剰余金配当金を「Ａ種優先配当金」という。）を支払う。ただし、当該剰余金の配当の基準日に属する事業年度中の当該基準日以前の日を基準日として剰余金を配当したときは、その額を控除した金額とする。

⇨Ａ種優先株式は、普通株式に先立って配当金を受け取る権利が付されています。

（２）　優先配当金の額
　Ａ種株式の１株当たりのＡ種優先配当金は、Ａ種株式の１株当たりの払込金額に、年率△％を乗じて算出した金額（当該事業年度の初日（同日を含む。ただし、払込期日が、ある事業年度中の初日以外の日であるときには、当該事業年度については、払込期日（初日を含む）を初日とする。）を上限として、当該事業年度の配当の基準日までの期間の実日数につき日割計算より算出し、円位未満小数第３位まで算出し、その小数第３位を四捨五入する。）とする。

⇨優先的に受け取ることのできる配当額の決定方法が定められています。

　本例では、配当率をもって上限を定めていますが、「１株につき△円を上

限として」などと定めることもできます。なお、優先配当額（率）の「上限」を定める内容はあくまで定款において定めた「要綱」であり、実際に種類株式を発行する際には、定款に定めた内容の範囲で（「1株につき△円として」や「年率△％として」）といったように具体的に定める必要があります。

（3）　非累積条項
　ある事業年度において、Ａ種株主又はＡ種株式質権者に対して支払うＡ種優先株式1株当たりの剰余金配当額がＡ種優先配当金の額に達しないときでも、当会社は、当該不足額を翌事業年度以降に累積しない。

⇨非累積型又は累積型のいずれかを定めています。

　非累積型は、優先配当金に達しない事業年度がある場合には、その不足額を翌事業年度以降に繰り越さないことをいい、累積型は不足額を翌事業年度以降に繰り越すことをいいます。

（4）　参加条項
　普通株主又は普通登録株式質権者に対して剰余金の配当を行うときは、Ａ種株主又はＡ種株式質権者に対して、Ａ種株式1株につき普通株主又は普通登録株式質権者と同等の額を、Ａ種優先配当金に加算して分配する。

⇨参加型又は非参加型を定めています。

　参加型は、普通株主に対し配当を行う場合には、その配当金に加えて優先配当金も支払うことをいいます。

　非参加型は、普通株主に対する配当金を加えず、優先配当金のみを支払うことをいいます。

　2．残余財産の分配
（1）　当会社が、残余財産を分配するときは、Ａ種株主又はＡ種株式質権者に対して、普通株主又は普通登録株式質権者に先立ち、Ａ種株式1株につき、金△万円を支払う。

（2）　前号のほか、Ａ種株主又はＡ種株式質権者に対して、残余財産の分配
　　　は行わない。

⇨残余財産の分配について、財産額の決定方法、種類及び分配に関する取扱
　いの内容が定められています。また、（2）は非参加型の定めですが、参加
　型を定めることもできます。

3．議決権
（1）　Ａ種株主は、法令に別段の定めがある場合を除き、株主総会において
　　　議決権を有しない。
（2）　Ａ種株式については、法令に別段の定めがある場合を除き、会社法第
　　　322条第1項に定める種類株主総会の決議を要しない。
（3）　Ａ種株式については、会社法第199条第4項、第238条第4項、第795条
　　　第4項に定める種類株主総会の決議を要しない。

⇨Ａ種株式には、株主総会等において議決権がないことが定められていま
　す。

4．株式の分割、併合又は募集株式の割当てを受ける権利等
（1）　当会社は、法令に定める場合を除き、Ａ種株式について株式の分割又
　　　は併合を行わない。
（2）　当会社は、Ａ種株式について、募集株式、募集新株予約権又は募集新
　　　株予約権社債の割当てを受ける権利を与えず、株式無償割当て、又は新
　　　株予約権無償割当ては行わない。

Ⅷ　会社の機関はどのようにするのか

1　取締役会を設置するかどうか

　会社の機関は、株主総会と取締役が1名以上いれば、株式会社としての体裁は整います。

　取締役会や監査役を置くかどうかは会社の任意です（＊1）。

　取締役会は取締役が3名以上で構成され、取締役会を置いた会社のことを「取締役会設置会社」といいます（会社法2七）。

　取締役会設置会社では、監査役又は監査等委員会、指名委員会等、会計参与のいずれかを置かなければなりません。

　平成18年の会社法施行前の株式会社の機関では、株主総会と取締役会、監査役の設置が必須でしたので、今でも、取締役会と監査役を設けている会社が多くあります。

　しかも、取締役や監査役の頭数を揃えるために、親戚や他人から名義だけ借りてくることも稀ではありません。

　しかしながら、取締役及び取締役会をきちんと理解していないと、会社の運営が危険なものになる可能性があります。

（＊1）　公開会社の場合には、取締役会を置くことが義務付けられています。

2　株主総会を開催するための手続き

　取締役会設置会社が株主総会を招集する場合、取締役会が株主総会の日時及び場所、総会の目的である事項などの決定を行います（会社法298）。

　そして、取締役は株主に対し、株主総会の招集通知を、原則、書面で行わなければなりません（会社法299②二）。

　株主総会では、招集通知に記載された事項のみ議題とすることができま

す。

　この一連の手続きを怠ってしまうと、株主総会の決議が取消しとなるおそれがあります。

　これに対し、取締役会を設置していない会社（取締役会非設置会社）では、株主総会の招集通知は口頭や電子メールでも問題ありません。

　また、株主総会における決議事項は、総会当日に決めても良いこととなっています。

　取締役会設置会社の手続きが厳格になっているのは、取締役及び取締役会の権限が大きく異なっているからです。

3　株主総会で決議できる事項

　取締役会設置会社の株主総会では、取締役や監査役などの選任・解任、定款変更、合併・分割などの組織再編、事業の譲渡、資本金額の減少など会社にとって重要な事項及び定款で定めた事項についてのみ決議を行い、その他の事項については、取締役会や代表取締役にその権限が委ねられています。

　ですから、株主総会では、取締役会であらかじめ決議された事項しか決議することができないのです（会社法295②）。

　これに対し、取締役会非設置会社の株主総会は、会社法に規定する事項のほか、株式会社の組織、運営、管理その他株式会社に関する一切の事項について決議をすることができます（会社法295①）。

　それでは、役員が選任（再任）されるまでの流れを比較してみましょう。

　役員を選任する機関は、いずれの会社も株主総会です。

　ただし、取締役会設置会社の場合、株主総会の決議事項は取締役会であらかじめ決定した事項だけです。

　そのため、取締役会において役員を選任する旨、その役員の候補者を選定しておく必要があるのです。

　言い換えると、取締役会で役員の候補者に選定されないと、株主総会で役

員に選任することができないことになります（少数株主による株主総会における議題提案権はあります。）。

　これに対し、取締役会非設置会社では、あらかじめ役員の候補者を決めておく必要はなく、株主総会当日に決めても構いません。

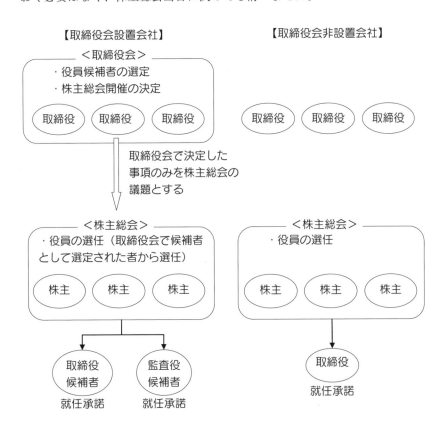

◆コラム：累積投票

　取締役を2人以上選任する場合には、累積投票によることが認められています（会社法342）。

　累積投票とは、1個の議決権を、選任すべき取締役と同数の議決権とした上で、株主が投票する制度です（監査役の選任には、累積投票制度はありません。）。

　例えば、選任すべき取締役が３名の場合、１個の議決権を持つ株主は３票を有することになります。

　そして、その３票を取締役の１人に投票することも、また、２人に分散することもできます。

　ただし、累積投票は定款によって排除することが可能となっており、実際には、排除している会社が一般的です。

4　取締役及び取締役会の権限等

　取締役の権限等は、取締役会設置会社か否かで、大きく異なります。

①　取締役会非設置会社の場合

　取締役会非設置会社の取締役は、原則、各自が会社の業務を執行します（会社法348①）。

　そして、取締役が２名以上いる場合には、原則、取締役の過半数をもって、会社の業務を決定します（会社法348②）。

　取締役は、他に代表取締役を定めた場合を除き、各自が会社を代表し、会社の業務に関する一切の裁判上又は裁判外の行為をする権限を有します（会社法349①②④）。

　これらは、定款で異なる取扱いを定めることができます。

　例えば、業務を執行しない取締役（いわゆる社外取締役）や会社を代表する代表取締役を定款で定めることもできます（＊１）。

　では、P258のⅠのように、ＡとＢの２名が代表取締役に就任した場合を考えてみましょう。

　２人の意見が一致すれば問題はありませんが、異なったときには過半数にはなりませんので、業務を決定することができません。

　また、代表取締役であるＢがＡの知らないところで、会社名で金銭を借りてしまった場合でも、代表取締役Ｂの行為自体は、原則、有効となってしまい、両者の間で問題が生じる可能性があります。

　仮に、取締役が3名の場合、取締役の2名が残る1名の取締役（自分）の意見と異なる決定をしたときは、自分の意見は却下されてしまいます。（＊2）

　ですから、安易に他人を代表取締役や取締役に就任させることや名義だけ借りて取締役に就任してもらうことは、トラブルのもとなのです。

　これは、取締役会設置会社でも同様です。

（＊1）　定款の定めに基づく取締役の互選又は株主総会の決議によって、取締役の中から代表取締役を定めることもできます（会社法349③）。

（＊2）　少数株主権を行使して、株主総会を招集し、株主総会の決議でその決定を覆すことは可能です。

②　取締役会設置会社の場合

　取締役会設置会社の取締役には、代表権も業務を執行する権限もありません。各取締役は、取締役会を通じて、意思決定等を行うこととなります。

　取締役会は、取締役全員で構成され、次の職務を担います（会社法362①②）。

・業務執行の決定

・取締役の職務執行の監督

・代表取締役の選定及び解職

　取締役会設置会社では、取締役の中から代表取締役を選定し、その者が会社を代表することとなります（会社法362③）。

　そして、実際の業務執行は、代表取締役と取締役会で選定された取締役（業務執行取締役）が行います。

　代表取締役を選定する権限を有するのは取締役会です。株主総会ではありません（＊）。

　ですから、取締役が3名で、自分が代表取締役のとき、他の取締役2名が結託をしてしまうと、代表取締役を解職し、新たな代表取締役を選任することができてしまうのです。

（＊）　定款で定めておけば、取締役会設置会社でも株主総会で代表取締役を選任することができます。

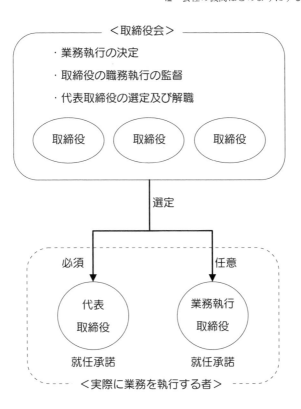

　取締役会では、業務執行の全般において決定権限を持ちます。

　そのため、重要な業務執行事項については、取締役に委任することができず、必ず、取締役会で決議をしなければなりません。

〈取締役会において決定すべき主なもの〉（会社法362④他）

　・重要な財産の処分及び譲受け

　・多額の借財（いわゆる借入れ）

　・支配人その他の重要な使用人の選任及び解任（人事権）

　・支店その他の重要な組織の設置、変更及び廃止

　・社債の募集に関する事項

　・コンプライアンス体制等の整備

・取締役等の損害賠償責任の免除

・種類株式の内容の決定

・譲渡制限株式の譲渡承認等

・株主総会の招集の決定

・代表取締役の選定

・競業及び利益相反取引の承認

・計算書類及び事業報告並びに附属明細書の承認

5　取締役会の決議

　取締役会の決議は、原則、取締役の過半数が出席し、その過半数をもって行います（会社法369）。

　決議の内容について、特別の利害関係を有する取締役は、議決に加わることができません。

　特別の利害関係には、例えば、次のようなものがあります。

・競業及び利益相反取引の承認決議においてその取引を行おうとする取締役

・譲渡制限株式の譲渡承認決議においてその譲渡を行おうとする取締役

　例えば、取締役が自分の資産を会社に譲渡する、又は譲り受ける行為や所有している自社の株式について譲渡承認請求を行う場合には、その取締役は承認決議に加わることができません。

6　取締役会設置会社と取締役会非設置会社の比較

　【表5-6】のように、取締役会を設置するか否かで、会社の運営方法が大きく異なります。

　取締役会設置会社では、会社の業務執行の決定権限は取締役会にあり、取締役個人にはありません。

　これに対し、取締役会非設置会社では、取締役が各自会社を代表し、業務
執行の決定は取締役の合議で決まります。

　ですから、会社を設立するに当たり、取締役会を置くかどうか、また、取
締役は何人とするのかを、よく検討する必要があるのです。

【表5-6】取締役会設置会社と取締役会非設置会社の比較

項　　目	取締役会設置会社	取締役会非設置会社
取締役の人数	3名以上	1名以上
監査役の設置	必要（＊）	任意
代表取締役の選任	必要 取締役会で選任	原則、各取締役が会社を代表する。 ただし、定款、定款の定めに基づく取締役の互選、株主総会の決議によって、取締役の中から代表取締役を定めることができる（会社法349③）。
取締役会の権限等 （会社法362②）	・業務執行の決定 ・取締役の職務の執行の監督 ・代表取締役の選定及び解職	―
業務の執行者	・代表取締役 ・取締役会の決議によって業務を執行する取締役として選定されたもの（業務執行取締役）（会社法363①）	・取締役 　ただし、定款で別段の定め可（会社法348①）。
取締役会に対する報告義務 （会社法363②）	取締役会は3ヶ月に1回以上開催し、代表取締役及び業務執行取締役が自己の職務の執行状況を取締役会に報告。	―

業務執行の決定方法（決議）	取締役会の議決に加わることができる取締役の過半数が出席し、その過半数をもって行う（会社法369①）。（定款で上回る割合を定めることが可）	取締役が 2 名以上の場合には、取締役の過半数をもって決定（会社法348②）。（定款で別段の定め可）
競業取引・利益相反取引の承認	取締役会 取引を行おうとする取締役は、議決に加わることができない （会社法365①、369②）。	株主総会 取引を行おうとする取締役が議決権を有する株主であれば、議決権を行使することができる（会社法356①）。
議事録の作成（会社法369③）	取締役会議事録を作成し、出席した取締役及び監査役が署名又は記名押印しなければならない。	―
株主総会の招集通知（会社法299②）	原則、書面で行わなければならない。	書面の他、口頭、電話、電子メールでもよい。
株主総会の決議事項（会社法309⑤）	招集通知に記載した事項のみ決議を行うことができる。	決議事項は、総会当日に決めても良い（招集通知に決議事項を記載する必要はなし）。

（＊）　監査等委員会又は指名委員会等、会計参与のいずれかを置くことも認められます。

IX　取締役の義務と利益相反取引

1　善管注意義務・忠実義務

　会社と取締役の関係は委任による関係です（会社法330）。

　委任とは、依頼をする者（委任者）が依頼を受ける者（受任者）に、法律行為をすることなどを依頼し、受任者がこれを引き受けることを承諾することによって成立する契約です（民法643）。

　委任契約では、受任者は委任の趣旨に従って、善良な管理者としての注意義務（善管注意義務）を負います（民法644）。

　委任は、有償又は無償であるのかは問いません。

　ですから、役員報酬がゼロであっても、取締役としての義務を負うこととなります。

　また、取締役は、法令及び定款、株主総会の決議を遵守し、会社のために忠実にその職務を行わなければなりません（会社法355）。

　この義務のことを忠実義務といいます。

2　利益相反取引

　大株主と取締役が同一人物である、いわゆるオーナー会社では、その個人と会社との間で取引を行うことがよく見受けられます。

　例えば、金銭の貸借、不動産の貸借、不動産の売買などの取引があります。

　この場合、個人としての利益と会社の利益とが相反してしまい、善管注意義務・忠実義務に違反してしまう可能性があります。

　このような取引のことを利益相反取引といい、取引をする場合には、あらかじめ承認が必要です。

　承認する機関は、取締役会非設置会社の場合には株主総会、取締役会設置会社の場合には取締役会となります。

　株主総会の承認では、取引をしようとする取締役が議決権を有する株主であれば、議決権を行使することができます（＊1）。

　これに対して、取締役会の承認では、取引を行おうとする取締役は、特別利害関係人となりますので、議決に加わることはできません（会社法356①、365①、369②）。

（＊1）　但し、その取締役が議決権を行使したことによって、著しく不当な決議がされたときは、他の株主は、株主総会の決議の日から3か月以内に裁判所に決議の取消しを請求することができます（会社法831①三）。

【例】議事録のひな型

【取締役会設置会社】

代表取締役個人が所有する建物を会社に賃借する場合

取締役会議事録

日　　　時　　令和○年○月○日（○）　午前○時
場　　　所　　○○県○○市○○区○○町○丁目○番○
　　　　　　　株式会社○○○○　本店会議室
取締役の総数　　　　○名
出席取締役の数　　　○名
監査役の総数　　　　○名
出席監査役の数　　　○名

　以上の通り出席があったので、取締役○○○は、互選により議長となり、定刻、開会を宣し議事に入った。

議　案　建物賃借承認の件
　議長は、当社が、○○○氏より下記の条件で建物を賃借したい旨を述べ、その承認につき一同に諮ったところ、全員一致をもって原案通り承認可決した。
　なお、この承認決議は、当社代表取締役○○○が貸主として当社と取引することが、会社法第356条第1項第2号で規定される利益相反取引に該当する

ため、同条及び同法第365条第1項の規定に基づき、当該取引行為について承認が必要であることを、一同了承のうえ、これを含めてなされたものである。

　よって、代表取締役○○○は、特別利害関係人に該当するため、本決議には参加しなかった。

記

目的物の表示　　　○○県○○市○○区○○町○丁目○番○（住居表示）
　　　　　　　　　建物の面積○○㎡（登記面積）
目的物の用法　　　事務所
賃料　　　　　　　月額　金○○○円
保証金の額　　　　金○○○円
賃借期間　　　　　自　令和○年○月○日　至　令和○年○月○日

以上

　以上をもって本日の議案を議了したので、議長は午前○時○分に閉会を宣した。

　上記議事の経過の要領及びその結果を証するため、議長は本議事録を作成し、議長、出席取締役及び出席監査役がこれに記名押印する。

　令和○年○月○日

　　　　　株式会社○○○
　　　　　取締役会

　　　　　　　　　　代表取締役　○○○　㊞
　　　　　　　　　　取締役　　　○○○　㊞
　　　　　　　　　　取締役　　　○○○　㊞
　　　　　　　　　　監査役　　　○○○　㊞

【取締役会非設置会社】

代表取締役個人の所有する建物を会社に賃借する場合

臨時株主総会議事録

日　　　時　令和〇年〇月〇日（〇）　午前〇時
場　　　所　〇〇県〇〇市〇〇区〇〇町〇丁目〇番〇
　　　　　　株式会社〇〇〇〇　本店会議室

株主の総数　　　　　　　　　　　　　　　　〇名
発行済株式の総数　　　　　　　　　　　　　〇株
議決権を行使することができる株主の数　　　〇名
議決権を行使することができる株主の議決権数　〇個
出席株主の数（委任状による者を含む）　　　〇名
出席株主の議決権の数　　　　　　　　　　　〇個
出席役員　　　代表取締役　〇〇〇、取締役　〇〇〇、取締役　〇〇〇、
　　　　　　　監査役　〇〇〇

　以上の通り株主の出席があったので、代表取締役〇〇〇は定款の定めにより議長となり、本総会は適法に成立したので、定刻、開会を宣し議事に入った。

議　案　建物賃借承認の件

　議長は、当社が、〇〇〇氏より下記の条件で建物を賃借したい旨を述べ、その承認につき一同に諮ったところ、満場異議なく原案通り承認可決した。
　なお、この承認決議は、当社代表取締役〇〇〇が貸主として当社と取引することが、会社法第356条第1項第2号で規定される利益相反取引に該当するため、同条第1項の規定に基づき、当該取引行為について承認が必要であることを、一同了承のうえ、これを含めてなされたものである。

記

目的物の表示　　　〇〇県〇〇市〇〇区〇〇町〇丁目〇番〇（住居表示）
　　　　　　　　　建物の面積〇〇㎡（登記面積）
目的物の用法　　　事務所
賃料　　　　　　　月額　金〇〇〇円
保証金の額　　　　金〇〇〇円
賃借期間　　　　　自　令和〇年〇月〇日　至　令和〇年〇月〇日

以上

　以上をもって本日の議案を議了したので、議長は午前〇時〇分に閉会を宣した。

　上記議事の経過の要領及びその結果を証するため、この議事録を作成し、議事録作成者がこれに記名押印する。

　令和〇年〇月〇日

　　　　　株式会社〇〇〇
　　　　　臨時株主総会
　　　　　　　議事録作成者　議長　代表取締役　〇〇〇　㊞

X　取締役及び監査役の任期

1　取締役の任期

　取締役の任期は、原則、選任後2年以内に終了する事業年度のうち最終のものに関する定時株主総会の終結の時までとなります。

　ただし、定款又は株主総会の決議によって、任期を短縮することもできます（会社法332①）。

　公開会社でない会社は、定款によって、その任期を選任後10年まで伸長することができます（会社法332②）。

　任期短縮は、補欠又は増員によって選任した取締役の任期を前任者又は在任取締役の任期の残存期間と同一とする場合などに活用されています。

2　監査役の任期

　監査役の任期は、原則、選任後4年以内に終了する事業年度のうち最終のものに関する定時株主総会の終結の時までとなります（会社法336①）。

　ただし、取締役の場合と異なり、定款によって、任期満了前に退任した監査役の補欠として選任された監査役の任期を退任した監査役の任期が満了する時までとする場合を除き、任期の短縮は認められていません（会社法336③）。

　取締役の場合と同様、公開会社でない会社は、定款によって、その任期を選任後10年まで伸長することができます（会社法336②）。

XI　役員報酬等の決定

1　取締役の報酬等の決定

　取締役が報酬、賞与その他の職務執行の対価として会社から受ける財産上の利益（以下、「報酬等」）は、定款に定める又は株主総会の決議により定める必要があります（会社法361①）。

　実務上、定款に定めた場合、報酬額を変更するたびに定款変更が必要となるため、株主総会の決議（普通決議）により定める方が一般的です。

　株主総会の決議では、通常、取締役全員の報酬等総額又は限度額を定め、各取締役への具体的な支給額は取締役会（取締役会非設置会社の場合は、代表取締役など）の決定に委ねます。

　さらに、取締役会では、各取締役への具体的な支給額を代表取締役に一任することもあります。

2　監査役の報酬等の決定

　監査役の報酬等も、定款に定める又は株主総会の決議により定める必要があります（会社法387①）。

　取締役の場合と同様に、実務上、株主総会の決議（普通決議）により報酬等総額又は限度額を定めることが一般的です。

　監査役が2人以上の場合には、各監査役の具体的な支給額は、総額の範囲内で、監査役の協議により決定します（会社法387②）。

　取締役の場合と異なり、監査役は、株主総会において監査役報酬等について意見を述べることができます（会社法387③）。

3　議事録を作成しておこう

　法人税法では、役員の給与が損金となるためには、厳しい要件を設けています（P14参照）。

　税務調査で問題とならないためにも、株主総会や取締役会（取締役会非設置会社の場合、代表取締役の決定書など）などの議事録や決定書を作成保存し、会社法の手続きを確実にしておくことが重要です。

【例】取締役の報酬決定についての議事録記載

〈株主総会議事録〉

議　案　取締役の報酬等の額の件

　議長は、取締役の報酬等総額を年額○○○○万円以内としたい旨を述べ、これには使用人兼務役員の使用人分の報酬を含めないこととし、その配分方法は取締役会（代表取締役）に一任してもらいたい旨を述べ、その議決を諮ったところ、満場異議なくこれを承認可決した。

（　）は、取締役会非設置会社の場合

【取締役会設置会社の場合】

〈取締役会議事録〉

議　案　取締役各個の受けるべき報酬金額の決定の件

　議長は、令和○○年○○月○○日開催の株主総会において、取締役会に委任された取締役各個の受けるべき報酬金額の決定につき、一同に諮ったところ、全員一致をもってこれを代表取締役に一任する旨の決議を行った。

〈取締役の報酬金額に関する決定書〉

令和　年　月　日
株式会社○○○
代表取締役　○○○○　㊞

　令和○○年○○月○○日開催の取締役会（株主総会）において、取締役各個の受けるべき報酬金額の決定については、これを代表取締役に一任すると決議されたことにより、その報酬金額を下記の通り決定し、令和○○年○○月○○日以降支給される報酬金額より適用する。

記

代表取締役	○○○○	月額○○○○○○○円
取　締　役	○○○○	月額○○○○○○○円
取　締　役	○○○○	月額○○○○○○○円

以上

（　）は、取締役会非設置会社の場合

XII　役員を解任する場合

1　役員を解任する場合の注意点

　役員を解任する権限を有するのは、株主総会です（会社法339①、341、309②七）。

　株主総会の決議によって、役員をいつでも解任することができます。

　この決議は、原則、普通決議（監査役及び累積投票取締役の解任の場合は特別決議）となります。

　解任の理由は問われませんので、議決権の過半数を持っている大株主の意向で、解任することが可能です。

　ただし、このときも注意が必要です。

　解任された役員は、その解任について正当な理由がある場合を除き、会社に対し、損害賠償を請求することができるのです（会社法339②）。

　未上場会社の場合、取締役は業務執行を兼ねていることがほとんどです。

　このとき、例えば、その取締役の営業成績が悪いという理由は、正当な理由にはなりません。

　会社と役員との関係は委任ですから、損害は、一般的に、その役員の解任後から任期満了までの報酬になります。

　すると、損害額の多寡はその取締役の残存任期の長短に大きく影響してきます。

　取締役の任期は、原則、2年です。

　非公開会社の場合には、定款によって、最長10年までとすることができます。仮に、登記費用を節約するために、取締役の任期を10年に伸ばしたとします。ところが、正当な理由なく役員を解任した場合には、会社はその役員から、任期満了までの期間の損害賠償請求を受けてしまうおそれがあるのです。

XIII　執行役員制度

1　執行役員制度を検討してみよう

　執行役員制度は、経営の意思決定及び職務執行の監督機能と会社の業務執行機能を分離させ、本来、取締役が担っていた業務執行権限を執行役員に委譲するという制度で、上場会社の多くで活用されています。

　もっとも、執行役員は、取締役や委員会設置会社における執行役と異なり、その設置については法令上の根拠がなく、あくまでも会社組織上の任意の職制です。

　したがって、執行役員は取締役会等で選解任されるだけで、取締役としての権限や義務を有しません（会社法362④三）。

　そのため、会社の実情に応じ自由に制度設計が可能であることから、会社における執行役員の位置付けは、取締役と同等であるものや従業員である使用人の最上級職とされるものなど様々となっています（＊）。

（＊）　会社と執行役員との関係には、雇用契約又は委任契約が考えられます。
　　　一般的には、雇用契約により、使用人として職制上の地位の最上位とすることが多いと思われます。
　　　法人税法上、特定株主に該当する使用人や委任契約による執行役員が経営に従事しているときは、その者はみなし役員に該当しますので注意が必要です（法法2十五、法令7、法基通9-2-1）。

ⅩⅣ　合同会社と株式会社

　法人の設立を検討する場合、会社の形態を株式会社にするのか、または、合同会社にするのか悩むことがあるかと思います。

　そこで、合同会社にはどのような特徴があるのか、また、株式会社との相違点についてみてみましょう。

1　合同会社とは

　合同会社は、平成18年に施行された会社法において、新たに設けられた持分会社の一形態です。

　米国の制度であるLLC（Limited Liability Company）になぞらえて、日本版LLCとも呼ばれています。

　日本の持分会社には、合名会社、合資会社及び合同会社の3つの形態があります。

　合名会社と合資会社では、出資した社員全員又はその一部の社員が無限責任を負うのに対し、合同会社では、出資した社員が出資した金額を限度として責任を負う有限責任となります。

　そのため、新たに設立する持分会社では、圧倒的に合同会社による形態が

【表5-7】設立登記件数（件）

年度		平成29年	平成30年	令和元年	令和2年	令和3年
株式会社		91,379	86,993	87,871	85,688	95,222
持分会社	合同会社	27,270	29,076	30,566	33,236	37,072
	合名会社	104	87	48	34	16
	合資会社	58	52	47	41	33
計		118,811	116,208	118,532	118,999	132,343

出所：法務省登記統計より作成

多くなっています。

2　合同会社の特徴

　株式会社は不特定多数の者が株主として参加することを想定している組織形態です。

　これに対し、持分会社は出資した社員の人的関係に着目しています。

　そのため、持分会社には、定款で定めることによって幅広く自治が認められています。

　例えば、出資割合と異なる利益の配分割合を定めることも可能です。

　ですから、合同会社は、有限責任である株式会社のメリットと持分会社の定款自治のメリットを併せ持つ会社形態といえます。

3　合同会社の経営

　株式会社では、株主が取締役を選任し、その取締役が経営を行います。

　これに対し、合同会社では、原則、出資した社員全員が業務執行社員として経営を行います。

　ただし、定款自治が幅広く認められていますので、定款において社員のうち業務を執行する社員だけを定めることも可能です。

　法人が社員である場合には、その法人が業務執行社員の職務を行うべき者を選任します。

　業務執行社員が2人以上の場合、合同会社の業務は、定款で別段の定めがある場合を除き、その社員の過半数をもって決定します。

4　株式会社と合同会社の相違

　株式会社と合同会社を比較した場合、その主な相違点は次頁【表5-8】のとおりです。

　近年では、外資系企業の日本法人や合弁で事業を行う場合の受け皿として、合同会社を用いるケースが多くなっています。

　その要因として、合同会社は有限責任であると共に、株主総会や取締役の機関設置を必要としないことや定款で幅広く自治を設計することができ、また、決算公告が義務付けられていないことなどが挙げられます。

　そのため、100％子会社を設立する場合やある特定の事業を共同で行う場合には、合同会社が適していると考えられます。

【表5-8】 株式会社と合同会社の比較

項目		株式会社	合同会社
出資者		株主	社員
出資者の責任		有限責任	有限責任
経営を担う役員		取締役、代表取締役など	業務執行社員、代表社員
役員の任期		原則、2年 公開会社でない会社の場合、取締役の任期は最長10年まで伸長可	なし
定款の変更		株主総会の特別決議	原則、社員全員の同意
利益の分配		原則、出資割合	出資割合に関係なく、定款により柔軟に決定できる
株式（持分）の譲渡		原則、自由	原則、他の社員の全員一致
社員の退社		－	持分の払い戻し
決算公告		必要あり	必要なし
設立登記に係る主な費用	定款の認証	あり 　　資本金の額　認証手数料 ・100万円未満…3万円 ・100万円以上 　300万円未満…4万円 ・300万円以上…5万円	なし
	定款の印紙代 （電子定款の場合、印紙は不要）	4万円	4万円
	登録免許税	資本金の額の1,000分の7 （15万円に満たないときは15万円）	資本金の額の1,000分の7 （6万円に満たないときは6万円）

5　個人事業から法人成りをする場合の会社形態

　個人事業から法人成りをする場合、株式会社と合同会社のどちらを選択すれば良いのでしょうか。

　最低資本金制度が廃止された現行の会社法では、合同会社は1人株主である株式会社と実質的な違いはありません。

　設立時の費用や定款認証が不要であることを考えると合同会社の方が負担は少なくて済みます。

　ところが、合同会社は下記のようなデメリットが考えられます。

・株式会社よりも知名度が劣ることから取引先や人材を募集するときに信用を得にくい可能性がある。

・取締役、代表取締役という呼称が使用できない。

　確かに、事業が軌道に乗ってから、合同会社から株式会社に組織変更を行うことも可能です。

　しかしながら、そのときの取引先への案内や名刺や封筒などの刷り直しなどを考えると、初めから、株式会社を設立した方が良いのかも知れません。

　参考までに、次頁【表5-9】は資本金階級別の法人設立登記件数です。

　設立時の資本金は、株式会社と合同会社のいずれでも1,000万円未満で90％超を占めています。

◆**コラム：実質的支配者となるべき者の申告制度**

　株式会社の定款認証の際、法人の実質的支配者となるべき者について、氏名、住居及び生年月日などと共に、その者が暴力団員及び国際テロリストに該当するか否かを公証人に申告する必要があります。

　この制度は、会社の実質的支配者を把握することにより、会社の透明性を高め、暴力団員等による会社の不正使用（マネーロンダリング、テロ資金供与など）を抑止するために、平成30年11月30日から開始されました。

　実質的支配者とは、株式会社では、次の①から④のいずれかに該当する者です。

　ただし①及び②の場合、その者が当該会社の事業経営を実質的に支配する意思又は能力がないことが明らかな場合は除きます（犯罪による収益の移転防止に関する法律施行規則第11条第2項）。

①　会社の議決権総数の50％超の議決権を直接又は間接に有する個人

②　①に該当する者がいない場合には、会社の議決権総数の25％超の議決権を直接又は間接に有する個人

③　①及び②に該当する者がいない場合には、事業活動に支配的な影響を有する個人

④　①から③までに該当する者がいない場合には、代表取締役

【表5‐9】 資本金階級別設立登記件数（件）

資本金階級別／年度		令和元年	構成比	令和2年	構成比	令和3年	構成比
100万円未満	株式会社	14,956	17.0%	14,392	16.8%	14,886	15.6%
	合同会社	15,532	50.8%	16,925	50.9%	17,897	48.3%
100万円以上	株式会社	32,277	36.7%	32,835	38.3%	38,145	40.1%
	合同会社	9,487	31.0%	10,574	31.8%	12,356	33.3%
300万円以上	株式会社	14,643	16.7%	14,289	16.7%	16,298	17.1%
	合同会社	2,283	7.5%	2,537	7.6%	2,872	7.7%
500万円以上	株式会社	20,739	23.6%	19,420	22.7%	21,235	22.3%
	合同会社	3,037	9.9%	2,979	9.0%	3,732	10.1%
1,000万円以上	株式会社	3,176	3.6%	2,934	3.4%	2,802	2.9%
	合同会社	155	0.5%	163	0.5%	159	0.4%
2,000万円以上	株式会社	1,326	1.5%	1,156	1.3%	1,122	1.2%
	合同会社	44	0.1%	39	0.1%	32	0.1%
5,000万円以上	株式会社	459	0.5%	415	0.5%	442	0.5%
	合同会社	23	0.1%	15	0.0%	16	0.0%
1億円以上	株式会社	279	0.3%	239	0.3%	273	0.3%
	合同会社	5	0.0%	4	0.0%	8	0.0%
10億円以上	株式会社	16	0.0%	8	0.0%	19	0.0%
	合同会社	0	0.0%	0	0.0%	0	0.0%
合計	株式会社	87,871	100%	85,688	100%	95,222	100.0%
	合同会社	30,566	100%	33,236	100%	37,072	100.0%

出所：データは法務省登記統計より作成

※構成比は小数点第2位を四捨五入

【著者紹介】

柴田　知央（しばた　ともひろ）

　明治大学商学部商学科卒。平成18年税理士登録。

　プライスウォーターハウスクーパースを経て、辻・本郷税理士法人において法人全般に関する会計税務の他、相続税や同族会社の事業承継対策などを担当。平成21年柴田知央税理士事務所設立。

　〈主な著書〉「１日でマスター　法人税申告書の作成」（清文社）

　　　　　　　「中小企業のための法人税特例ガイドブック」（税務研究会）他

青木　治雄（あおき　はるお）

　上場証券会社勤務を経て、平成10年公認会計士辻会計事務所（現 辻・本郷税理士法人）に入所。平成13年税理士登録。事業承継法人部統括部長として、上場会社や大手・中堅企業の会計・税務・経営指導をするほか、資産税、相続・事業承継対策コンサルティング業務も従事する。

　平成25年12月 青木会計事務所を開設し、現在に至る。

　〈主な著書〉「事業承継対策ガイドブック」（共著・ぎょうせい）

　　　　　　　「税制改正Ｑ＆Ａ」（共著・ビジネス教育出版社）　　　　他

法人成りの活用と留意点

平成27年7月20日	初版発行	（著者承認検印省略）
令和4年9月15日	第3版第1刷発行	
令和5年2月25日	第3版第2刷発行	

Ⓒ著　者　　柴　田　知　央
　　　　　　青　木　治　雄
発 行 所　税 務 研 究 会 出 版 局
　　　　　週刊「税務通信」「経営財務」発行所

代 表 者　山　根　　　　毅
郵便番号100-0005
東京都千代田区丸の内1-8-2 鉄鋼ビルディング
https://www.zeiken.co.jp

乱丁・落丁の場合は、お取替え致します。　　　印刷・製本　藤原印刷㈱
ISBN978-4-7931-2704-5